国有林场改革

监测报告（2014）

“国有林场改革监测”项目组 ■ 编著

中国林业出版社
China Forestry Publishing House

图书在版编目（CIP）数据

国有林场改革监测报告. 2014 / “国有林场改革监测”项目组编著. -- 北京 : 中国林业出版社, 2018.4
ISBN 978-7-5038-9569-2

Ⅰ. ①国… Ⅱ. ①国… Ⅲ. ①国营林场－经济体制改革－研究报告－中国－2014 Ⅳ. ①F326.25

中国版本图书馆CIP数据核字(2018)第100803号

出 版　中国林业出版社
（100009 北京西城区德内大街刘海胡同 7 号）
网 址　www.lycb.forestry.gov.cn
发 行　中国林业出版社
电 话　（010）83143542
印 刷　固安县京平诚乾印刷有限公司
版 次　2018 年 4 月第 1 版
印 次　2018 年 4 月第 1 次
开 本　889mm × 1194mm　1/16
印 张　8.75
字 数　192 千字
定 价　88.00 元（全三册）

编写组

组　　长：陈绍志

成　　员：赵　荣　赵晓迪　宁攸凉

　　　　　张　英　周海川

前　言

国有林场是新中国成立初期国家为加快森林资源培育、保护和改善生态，在重点生态脆弱地区和大面积集中连片的国有荒山荒地上，采取国家投资的方式建立起来的专门从事营造林和森林管护的林业事业单位。截至2012年底，全国国有林场总数4855个，分布在31个省（自治区、直辖市）的1600多个县（市、区、旗），已成为我国生态功能最完善、森林资源最丰富、森林景观最优美、生物多样性最富集的区域之一，是全体国民巨大的公共产品和宝贵的生态财富，是我国林业事业的重要组成部分和生态建设的骨干力量，构成了建设生态文明和美丽中国的绿色脊梁。

党的十八大将生态文明建设纳入中国特色社会主义事业五位一体总布局，提出了建设美丽中国，实现中华民族永续发展的宏伟蓝图。林业是生态建设的主体，是维护生态安全的基本保障，是保护生态、改善民生、促进科学发展、实现绿色增长的核心力量。国有林场是我国生态修复和建设的重要力量，是维护国家生态安全最重要的基础设施，是我国林业生态建设的主力军，在生态文明建设中担当重要使命。

2014年上半年，各国有林场改革试点省份相继出台《国有林场改革工作方案》，进一步明确了各省份国有林场改革的方向、目标、任务、改革内容和工作要求，确保如期完成国有林场改革试点任务。下半年，国家林业局紧锣密鼓地会同国家发改委、财政部等起草《国有林场改革方案》，反复征求中编办、财政部、人社部等35个部门的意见，在此基础上修改完善后将方案上报国务院。

为跟踪国有林场改革进展，总结改革成效和发现新情况新问题，受国家林业局国有林场和林木种苗工作总站委托，自2013年起，中国林业科学研究院林业科技信息研究所组织开展了国有林场改革效果监测工作。本次监测以2013年为基期，2014年为报告期。在保持监测范围、内容、方法、样本不变的基础上，完善了监测评价指标体系，利用科学高效的监测网络，对国有林场改革的效果继续跟踪，从而及时了解、把握各个改革试点的动态、方向、问题，确保国有林场改革工作的顺利推进。

从监测情况来看，2014年国有林场改革成效呈现出几个方面的明显变化：林场整合兼并重组工作取得明显进展，职工在职在岗人数大幅缩减，纳入财政预算的林场数量大幅增加，改革发展资金渠道多元化，完全依赖财政的林场占比降低，职工收入显著增长。然而，国有林场改革试点工作在制度建设、经费落实、人力资源开发、债务化解和林地保护等方面依然面临着一些问题，需要在后期改革中高度重视并得以解决。

值此书稿付梓之际，谨向指导、协调和帮助我们完成监测工作的国家林业局国有林场和林木种苗工作总站、相关省区国有林场主管部门、调研市县的分管领导以及试点国有林场的负责同志和广大职工表示衷心的感谢！

著　者

2015年9月于北京

目录

一、国有林场改革试点监测方案设计

（一）监测内容

监测对象为国有林场改革试点地区的省级国有林场主管部门、国有林场以及林场职工。

国有林场主管部门监测重点反映其管理工作成效、组织协调等情况，如是否争取了以及争取了哪些优惠政策，是否出台了以及出台了哪些促进和支撑国有林场改革的政策等。

国有林场监测重点反映改革进程、森林资源变化、管理体制、经营机制、产业发展、债务化解、富余人员安置、社会保障、分离林场办社会职能、基础设施建设、改革投入支出等内容。

林场职工监测重点反映国有林场改革对林场职工就业、收入和社会保障的影响，林场职工对各项改革政策的满意度和政策需求。

（二）样本选取

考虑到样本林场的典型性、代表性和抽样可靠性，对全面推进国有林场改革的省份江西与湖南抽取林场总数的 5%，其他 4 省抽取试点林场总数的 10%。根据这一原则，2013 年实际抽样林场 58 个。但由于江西、湖南与山东抽样林场出现了一些变化，使得 2014 年最终抽样林场 40 个，其中：37 个林场仍属于 2013 年抽样林场范围（山东省林场样本数保持不变，但调换了 3 个）。考虑到 2014 年各省抽样林场上报的监测数据均涵盖 2013 与 2014 年两个年度，因此，可以对 2014 年 40 个样本林场监测数据进行 2013 ～ 2014 年的对比分析。

1. 样本林场基本情况

2014 年，全国共 615 个改革试点林场，实际抽样林场 40 个，占试点林场总数的 6.50%。本次监测数据来自河北、浙江、江西、山东、湖南和甘肃 6 省，省份数占试点省份数（7 个）的比例超过 85%。样本林场分布如表 1 所示，抽样 6 省分布在华北、华中、华东与西北地区；其中，江西样本数所占总样本数比例最高（27.50%），其次是浙江与湖南等 4 个省份，河北样本数所占比例最低（5.00%）。

样本林场涵盖了全额拨款、差额拨款、自收自支事业单位与企业性质单位四种林场类型，涉及到地市属与县属两种管理层级，包含了正处、副处、正科、副科与正股五种行政级别。如表 2 所示，2014 年，从样本林场类型看，差额拨款所占比例最高（45.00%），其次是全额拨款（35.00%）与自收自支（17.50%），企业性质单位所占比例最低（2.50%）；从管理层级看，县属与地市属分别占比 85% 与 15%；从行政级别看，正科与副科林场所占比例较高（分别是 36.84% 与 31.58%），其次是股级（26.32%），正处与副处林场所

表 1　样本林场分布

省份	所属地区	样本数	比例(%)
河北	华北	2	5.00
山东	华东	5	12.50
浙江	华东	9	22.50
江西	华东	11	27.50
湖南	华中	8	20.00
甘肃	西北	5	12.50
合计		40	100

表 2　样本林场特征

监测指标	分类特征							
林场类型			全额	差额	自收自支	企业	合计	
	2013	样本数	14	10	15	1	40	
		比例（%）	35.00	25.00	37.50	2.50	100.00	
	2014	样本数	14	18	7	1	40	
		比例（%）	35.00	45.00	17.50	2.50	100.00	
管理层级			省属	地市属	县属	合计		
	2013	样本数	0	6	34	40		
		比例（%）	0.00	15.00	85.00	100.00		
	2014	样本数	0	6	34	40		
		比例（%）	0.00	15.00	85.00	100.00		
行政级别			正处	副处	正科	副科	股级	合计
	2013	样本数	1	1	13	13	10	38
		比例（%）	2.63	2.63	34.21	34.21	26.32	100.00
	2014	样本数	1	1	14	12	10	38
		比例（%）	2.63	2.63	36.84	31.58	26.32	100.00
林地面积		样本数	平均值	最小值	最大值			
	2013	40	11.86	69.84	0.90			
	2014	40.00	12.41	69.84	0.90			
在岗职工人数		样本数	平均值	最小值	最大值			
	2013	40	105	560	3			
	2014	40	100	415	3			

备注：（1）表格数据来自监测数据整理；（2）由于部分指标数据缺失，导致其样本数少于40；（3）下同。

占比例较低（均为 2.63%）；江西景德镇市枫树山林场与山东泰安市徂徕山林场虽然都属于地市属林场，但由于规模较大与地方政府重视等原因，其行政级别分别被定为正处与副处；从林地面积看，样本林场平均经营规模为 12.41 万亩，最大值为 69.84 万亩（甘肃合水林业总场），最小值为 0.90 万亩（山东沂水县沂山林场）；从在职职工人数看，样本林场平均在职职工规模约为 99.80 人，最大值为 415 人（江西景德镇市枫树山林场），最小值为 3 人（甘肃环县四合塬林场，属于国家级贫困林场）。

由此可见，样本林场涵盖主要试点省份、各种林场类型、主要管理层级、各种行政级别与不同经营规模，具有一定的代表性。

2. 样本职工基本情况

2014 年的职工监测数据来自河北、浙江、江西、山东、湖南和甘肃 6 省 40 个林场的 547 名林场职工，有效问卷 547 份，其中回访问卷 494 份。从样本分布来看，江西省样本量最大，约占有效样本的 38.94%，河北省样本量最小，约占有效样本的 3.66%，其中问卷回访率除江西和湖南省外均达到 100%（表 3）。

在 547 个有效样本中，男性 424 人，女性 123 人，平均年龄 47 岁，平均受教育年限 11 年，平均家庭成员维持在 3 ～ 4 人，有外出打工家庭成员的比例约为 24.50%。2014 年共有 221 个样本职工管护林地，比 2013 年减少了 95 人，平均管护面积为 3903 亩，比 2013 年增长了 6.26%。分省来看，河北、浙江、江西、山东、湖南和甘肃 6 省

表 3 样本职工分布

省份	年份	林场样本数	职工样本数	有效样本数	占总样本比例（%）	占总有效样本比例（%）
河北	2013	2	20	20	2.80	3.15
	2014	2	20	20	3.65	3.66
浙江	2013	9	98	98	13.71	15.43
	2014	9	98	98	17.88	17.92
江西	2013	25	370	362	51.75	57.17
	2014	10	213	213	39.05	38.94
山东	2013	5	53	53	7.41	8.35
	2014	5	52	52	9.49	9.51
湖南	2013	11	112	112	15.66	6.14
	2014	9	102	102	18.61	18.65
甘肃	2013	5	62	62	8.67	9.76
	2014	5	62	62	11.31	11.33
总计	2013	57	715	707	100	100
	2014	40	547	547	100	100

样本职工男女比例分别为 19 : 1、6 : 1、3 : 1、6 : 1、2 : 1 和 4 : 1。样本职工的平均年龄为甘肃省最大（48.15 岁），河北省最小（40.85 岁）；样本职工的受教育程度为山东省最高（11.97 年），河北省最低（7.2 年）。各省家庭规模差别不大，家庭成员有外出打工的样本比例为湖南省最高（41.18%），甘肃省最低（12.90%）。河北、江西、山东 3 省样本职工人均管护林地面积较去年分别减少了 0.55%、15.71% 和 21.34%，浙江、湖南和甘肃 3 省样本职工人均管护林地面积较去年分别增长了 4.87%、21.42% 和 8.57%（表 4）。

从回访数据来看，2014 年有 213 个样本职工管护林地，比 2013 年减少 2 人，平均管护林地面积为 3559.78 亩，比 2013 年减少了 2.4%。

表 4　样本职工基本情况

省份	年份	年龄	受教育程度（年）	家庭规模（人）	外出打工家庭样本占比（%）	管护林地面积（亩）
河北	2012	38.85	7.35	4	25.00	4892
	2013	39.85	7.35	4	25.00	5293.85
	2014	40.85	7.20	4	25.00	5264.95
浙江	2012	44.12	11.54	3.13	30.61	5334.86
	2013	45.12	11.54	3.17	28.57	5547
	2014	46.40	11.67	3.11	20.41	5817.04
江西	2012	43.27	11.56	3.62	28.65	4317.78
	2013	46.23	11.66	3.69	31.35	4302.56
	2014	48.00	11.97	3.25	23.47	3626.84
山东	2012	44.75	11.68	3.96	16.98	843.10
	2013	45.75	11.68	3.96	16.98	718.68
	2014	46.40	11.66	4.10	17.31	565.33
湖南	2012	44.75	10.78	3.43	50.00	1065.93
	2013	45.75	10.78	3.46	50.89	1065.93
	2014	45	11.27	3.57	41.18	1294.28
甘肃	2012	46.19	10.79	4.04	17.74	5175.82
	2013	47.19	10.85	4.06	16.13	5249.31
	2014	48.15	10.81	3.93	12.90	5699.4
合计	2012	43.86	11.26	3.60	30.35	3552.82
	2013	45.87	11.31	3.64	31.47	3672.97
	2014	47.00	11.00	3.93	24.50	3903.12

（三）监测方法

实地跟踪监测采取抽样问卷调研和专题访谈调研相结合的方法。对于国有林场改革进程、影响、趋势、政策需求等方面的信息，主要采取在样本林场问卷调研的方法来完成。对于改革过程中存在的焦点、热点、难点问题以及改革的成功经验和典型案例主要通过专题访谈调研来完成。

二、国有林场改革试点监测结果

（一）改革总体进展

2014 年，河北、浙江、江西、山东、湖南、甘肃 6 省国有林场改革试点工作顺利推进。国有林场改革的方向更加明确，林场定性、定编工作基本完成，积累了分离办社会、富余职工安置等经验。截至 2014 年底，试点地区已有 416 个国有林场定性为公益服务事业单位，纳入财政预算管理，占试点林场（615 个）的 68%。基础设施水平显著提升、国有林场危旧房改造稳步推进，职工生产生活条件得到较大改善，改革满意度不同程度提高。2014 年中央国有林场基础建设预算内投资 3.8 亿元，危旧房改造累计开工 54 万户，入住 32 万户，入住率近 60%。同年 6 省职工改革满意度达 76.42%，较 2013 年增加了 16 个百分点，其中河北、浙江、山东和甘肃 4 省职工满意度均为 100%。职工转移就业和社会保障机制逐渐健全，工资外收入明显提升，参加基本养老保险人数大为增加。2014 年试点地区国有林场职工参加基本养老保险和基本医疗保险的人数分别达到 85620 人和 95560 人，比改革前增加了 9937 人和 37263 人，占国有林场在职职工总数的 79% 和 88%。

就样本监测情况来看，2013 ～ 2014 年度监测结果比上年度表现出五个方面的明显变化：一是林场数量明显缩减，江西等省份减少幅度超过 50%，林场整合兼并重组工作取得明显进展，政事分开和事企分开得到有效落实；二是职工在职在岗人数大幅缩减，6 省在岗职工人数较去年减少幅度高达 76%，各地以转换用人机制和搞活用人制度为核心，通过提前退休、离岗退养等方式妥善分流安置在职职工，建立新型劳动（聘用）关系；三是纳入财政预算的林场数量大幅增加，6 省纳入财政全额预算管理的林场比例（53.1%）较 2013 年提高了 15 个百分点，部分省份高达 100%，各级财政积极安排改革补助资金，统筹解决国有林场改革成本问题；四是发展资金渠道多元化，完全依赖财政的林场占比降低，6 省社会资本投入全年增加高达 172%；五是职工工资收入与工资外收入显著增长，随着改革全面展开，林场纳入财政比例增加，职工分流安置补偿不断落实，职工年均工资增幅 16.75%，工资外收入增幅 90%。

（二）主体责任落实情况

1．省级林场改革政策法规建设依然滞缓

2013 年，浙江、湖南、山东和江西省各出台 1 个省级国有林场改革发展文件，浙江、

江西省还分别出台包含国有林场内容的省级综合性法规、规章或政策性文件1个、3个。2014年江西、浙江省各出台省级国有林场改革发展文件1个。其中，江西省出台的《江西省2014年国有林场改革工作方案》从省级层面规划设计了国有林场改革的总体思路，明确了生态公益型为主、商品经营型为辅的改革方向；浙江省制定了省级政府或编制部门国有林场事业编制核定标准；其他各省在此2年内均无省级综合性法规、政策文件或相关标准出台。

2014年，试点省共推动市县出台国有林场改革发展文件9个，比2013年减少了4个。其中，2013年、2014年，江西省分别推动市县出台国有林场改革发展文件1个；浙江省2014年推动市县出台国有林场改革发展文件1个，比2013年减少了7个；湖南省2013年推动市县出台国有林场改革发展文件2个，2014年没有追加；甘肃省2014年推动市县出台国有林场改革发展文件5个，较2013年增加了3个；山东省2014年推动市县出台国有林场改革发展文件2个，2013年未有出台。试点6省中，仅河北省2年内未出台任何相关文件（图1）。

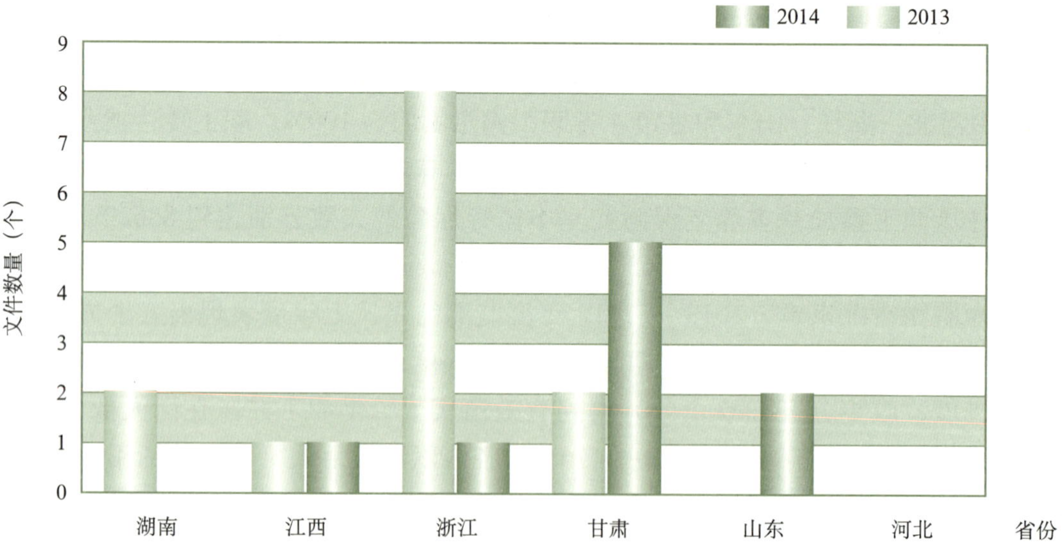

图1 2013～2014年试点省推动市县出台改革发展文件

深化国有林场改革，政策法规必须先行。从监测情况看，在目前的改革推进过程中存在各级指导文件不能匹配林场改革发展要求以及落实不到位的问题，为深入推进国有林场改革，各省下阶段应加大出台综合指导性的改革文件以及与改革配套的政策法规的力度，以此规范改革运行，确保改革扎实推进。

2．改革资金稍有增加但落实相对困难

国有林场中央资金投入力度稍有减缓，2014年，试点省省级国有林场中央投入资金（包括财政资金和基建资金）共计约1.98亿元，比2013年减少了约2.49亿元（图2），降

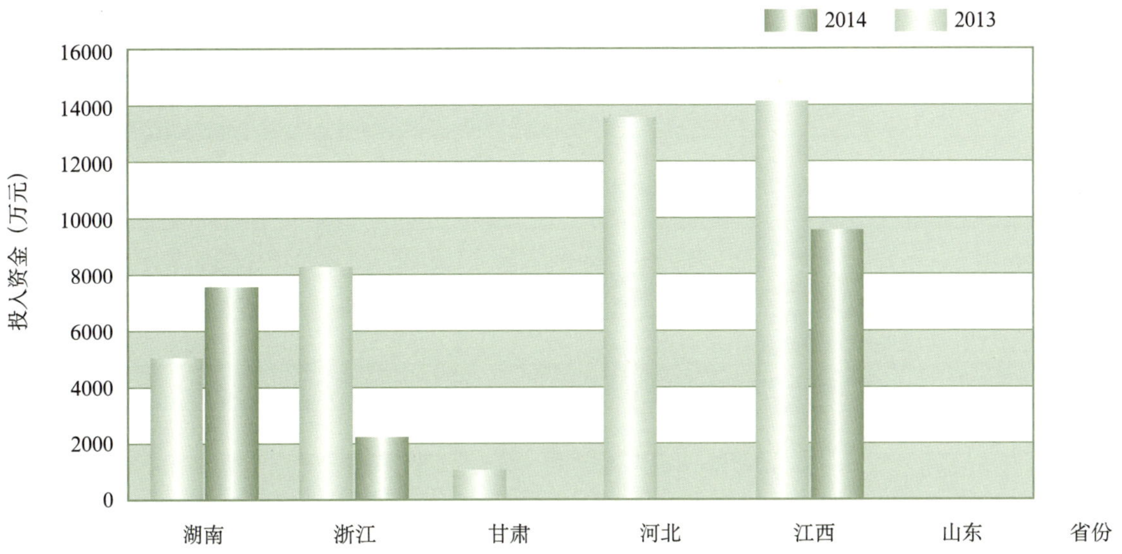

图 2　2013 ～ 2014 年试点省省级国有林场中央投入资金对比

低了 55.7%。2013 年以来，江西省中央投入资金规模最大，2 年来共投入 2.39 亿元，其次是河北省和湖南省。2014 年，江西省省级国有林场中央投入资金约为 9677 万元，比 2013 年降低了 32.3%；湖南省省级国有林场中央投入资金为 7708 万元，比 2013 年增加了 54%。

试点省省级国有林场改革工作经费有所增加。2014 年，浙江省省级国有林场改革工作经费 125 万元，比 2013 年增加了 85 万元；湖南省首次投入省级国有林场改革工作经费为 470 万元；江西和河北 2 省省级国有林场改革工作经费保持不变，分别为 150 万元和 10 万元。山东和甘肃 2 省省级国有林场改革工作经费尚未落实到位。

从试点市县国有林场改革资金来看，2014 年，推动落实市县国有林场改革资金总投入为 12.46 亿元，比 2013 年增加了 7.87 亿元，大幅增加的主要原因是江西省推动落实市县国有林场改革资金由 2013 年 3 亿元大幅增加到了 10 亿元。而其他试点省中，2014 年，湖南、河北两省推动落实市县国有林场改革资金比 2013 年有了实质性突破，分别为 6000 万元、2517 万元，浙江省推动落实市县国有林场改革资金为 1.6 亿元，与 2013 年持平。山东、甘肃两省国有林场已全部纳入同级财政，由市县财政承担职工工资和社会保险，所以无额外推动改革资金（图 3）。

综上，国有林场改革中央投入资金虽在个别试点省有所增加，但总体呈现下降趋势。国有林场改革工作经费增加幅度仍然较小，不足以满足林场当前改革需求。唯有国有林场市县项目资金和改革资金的落实取得了较大的进展，但仍存在投入过于集中，试点省之间差异较大的问题，要实现全面落实还需要进一步推动。

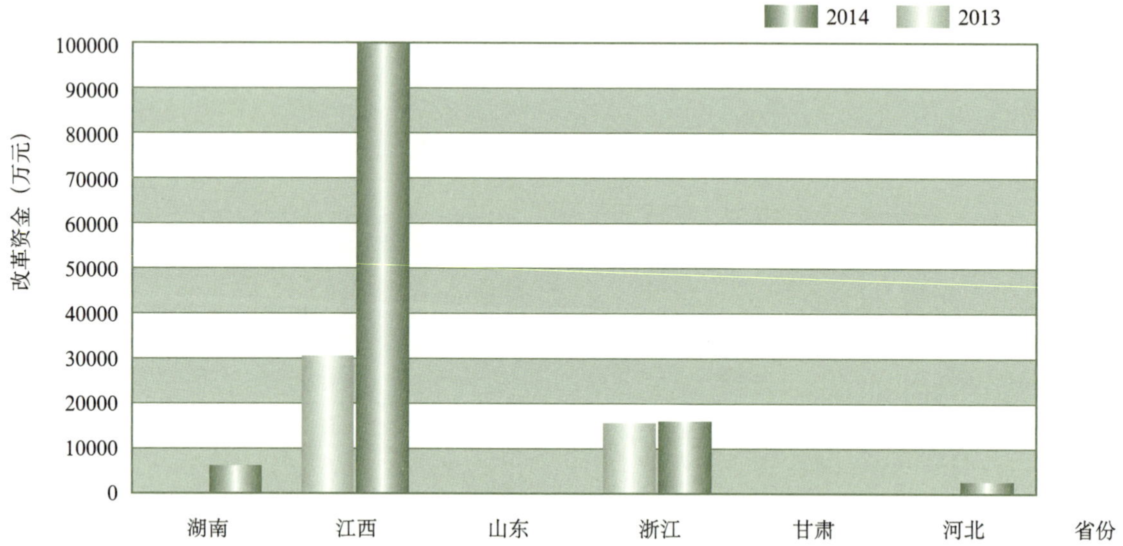

图 3　2013 ～ 2014 年试点省推动落实市县国有林场改革资金对比

3．国有林场管理工作力度不断加强

2014 年，湖南、浙江、河北三省分别组织召开省级国有林场改革会议 3 次、2 次、1 次，与 2013 年召开国有林场改革会议次数保持一致。2014 年江西省组织召开国有林场改革会议仅 1 次，比 2014 年减少了 2 次。2014 年，各试点省正科级以上国有林场比例总体提高，较之 2013 年正科级以上国有林场占比，江西、浙江 2 省各自出现了不同程度的增长，河北、山东和甘肃 3 省正科级林场比例未发生变化。

2014 年，试点省共举办国有林场培训班 25 次。其中，浙江省举办次数最多，比 2013 年增加了 4 次。浙江省林业厅举办的全省国有林场管理人员培训班，就国有林场法律法规、林业产业扶持政策、林地管理、资金资产管理及国有林场森林经营方案编制与实施等内容进行了培训，丰富了参训人员的理论知识，有效促进了管理思维、管理理念的转变，达到了预期效果。另外，2014 年甘肃省举办国有林场培训班 10 次，比 2013 年减少了 8 次。只有河北省两年来几乎没有举办过国有林场培训班。

4．国有林场改革宣传工作得到重视

首先是改革成果受关注度进一步提升。2014 年，中央媒体报道试点省国有林场改革事迹共 26 次，比 2013 年多了 12 次。主要集中在浙江省、江西省和河北省，尤其是浙江省，2014 年中央媒体报道其国有林场改革事迹多达 12 次，2014 年 5 月以来，《中国林业》《农村信息报》等媒体也开辟专栏，宣传浙江“最美林场人（事）”。《中国绿色时报》也就浙江省国有林场改革工作做了《变被动为主动，生态提质发展提速——聚焦浙江省林业改革之国有林场篇》的专题报道，通过各类媒体全方位的对乐清市雁荡林场获“全国十佳林场”称号、苍南县林场荣获“浙江省模范集体”荣誉称号以及浙江省国有林场改革经验等进行宣传报道，有力地推进了国有林场改革顺利进行。

此外，试点改革也受到地方领导更大的重视和支持。2014 年，试点省国有林场改革相关调研报告、典型经验等获得 13 次省部级以上领导批示，较之 2013 年多了 5 次，主要集中在湖南、浙江、江西。2 年内，湖南省获有 10 次省部级以上领导批示，江西省获有 2 次省部级以上领导批示。2014 年，省部级以上领导到试点省国有林场调研总次数为 12 次，与 2013 年保持一致。2014 年 10 月，浙江省委出台 26 号文件，把深化国有林场改革提到一个新的高度。李强省长等省领导多次深入国有林场考察，几次做出批示，要求省发改、财政、电力、林业等相关部门落实国家和省有关文件精神，加快推进国有林场改革。

（三）管理体制改革情况

1．改革坚持公益性方向，林场功能定位更加明确

（1）**各试点省均坚持公益性改革为主的方向，将绝大多数国有林场界定为生态公益型林场，重新核定编制，并按公益性事业单位进行管理。**其中，河北、山东、浙江、湖南与甘肃 5 省将试点林场全部定性为生态公益型事业单位；江西将 86% 的试点林场定性为生态公益性事业单位。

（2）**林场行政级别得以保留，其中一些林场行政级别甚至得到提升。**在样本林场中，正科级林场占比有所增加，由 2013 年的 34.21% 增加到 2014 年的 36.84%，副科级林场占比有所减少，由 2013 年的 34.21% 下降到 2014 年的 31.58%。在机关事业单位体系中，行政级别的保留与提升有利于保障林场在更大范围内统筹调动更多资源支持林场发展。

（3）**财政预算管理机制逐步建立，财政支持力度加大。**从各试点省林场看，2014 年纳入政府财政全额预算管理的林场比例已达 53.1%，比 2013 年提高了近 15 个百分点；全额、差额拨款的林场由原来的 67.41%增加到 82.93%；自收自支的林场由原来的 32.58% 减少到 17.07%（图 4）。分省来看，早在 2012 年山东省就已将所有国有林场纳入全额预算管理；2013 年以来，甘肃省几乎所有国有林场也相继被纳入全额预算管理。对比 2013 年，2014 年试点省纳入全额拨款的国有林场增幅最大的是江西省，由 6% 上升到了 62.5%，其次是浙江省，由 2.3% 上升到了 36%，而河北省依然没有国有林场被纳入全额拨款。对比 2013 年，2014 年部分试点省纳入差额拨款的林场比例略有下降，其中，江西省变化幅度最大，由 36% 下降到 23%，其次是浙江省，由 65.9% 下降为 53%，河北省和湖南省均略有降低，山东省和甘肃省均已无差额拨款林场。在样本林场中，从 2014 与 2013 年对比看，尽管全额拨款林场占比维持不变（35%），但差额拨款林场占比明显提高（由 25% 提高到 45%），自收自支林场占比明显下降（由 37.50% 下降至 17.5%）。

从上述分析可知，各试点省财政预算对林场支持力度加大，逐步建立了长效机制，国有林场公益性事业单位的属性日益明确，改革的既定目标基本实现。

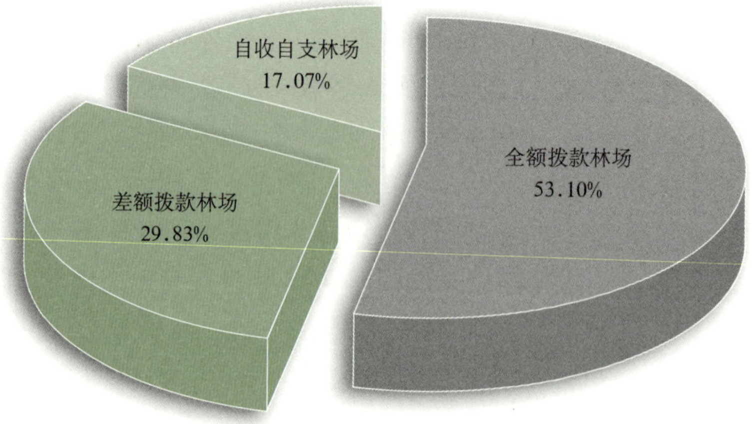

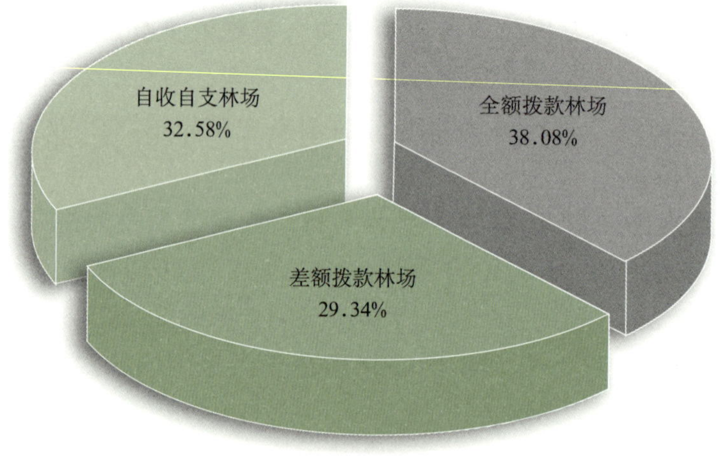

图 4　2013、2014 年试点省纳入政府财政预算管理的林场分布比例

2．改革坚持机构精简和规模经营原则，林场整合重组力度加大

2014 年，试点省国有林场共计 615 个，以江西省和湖南省居多，分别为 216 个和 207 个，与 2013 年比，试点省国有林场数量共减少 164 个，江西省减少了 165 个，仅湖南省增加了 1 个。2014 年，浙江、河北、甘肃、山东 4 省国有林场数分别为 88 个、52 个、47 个、5 个，与 2013 年保持一致（图 5）。总体看来，江西省国有林场整合重组力度比改革前期更大，而其他试点省林场整合重组压力依然较大，整合力度有待加强。

关于在职职工人数，2014 年试点省国有林场共 68041 人，比 2013 年减少了 24755 人（图 6）。从各省情况看，江西省国有林场在职职工减少幅度最大，共减少了 23664 人，但江西省职工大幅度减少是由于用人机制的转变，林场通过购买劳务的方式雇佣林场下岗分流人员，林场实际用工数并未出现明显下降；其次是河北省，减少了 611 人；山东、浙江和甘肃 3 省也略有减少；但湖南省没有变化。关于在岗职工人数，2014 年试点省国

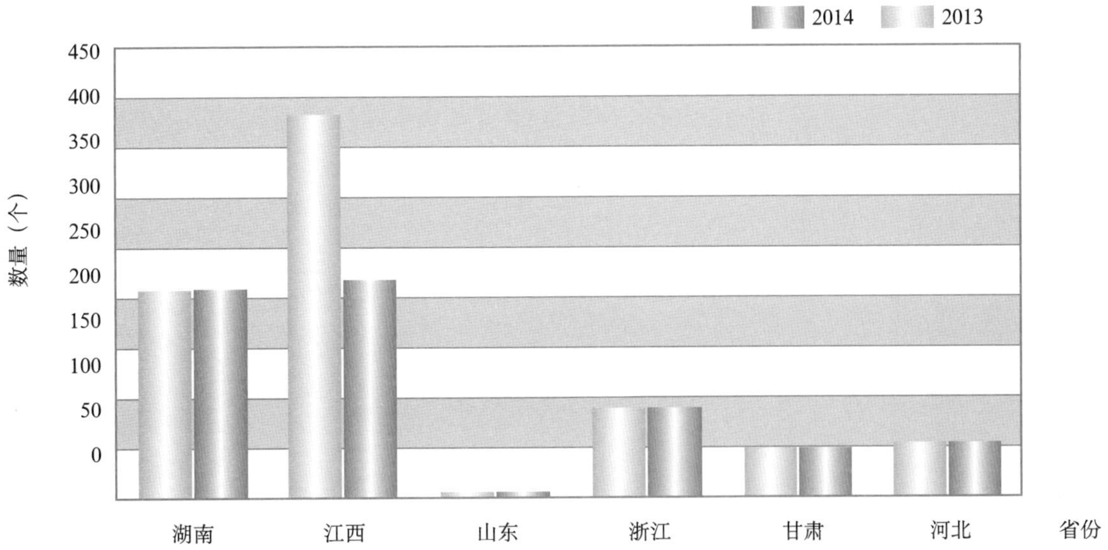

图 5　2013 ～ 2014 年国有林场数量对比

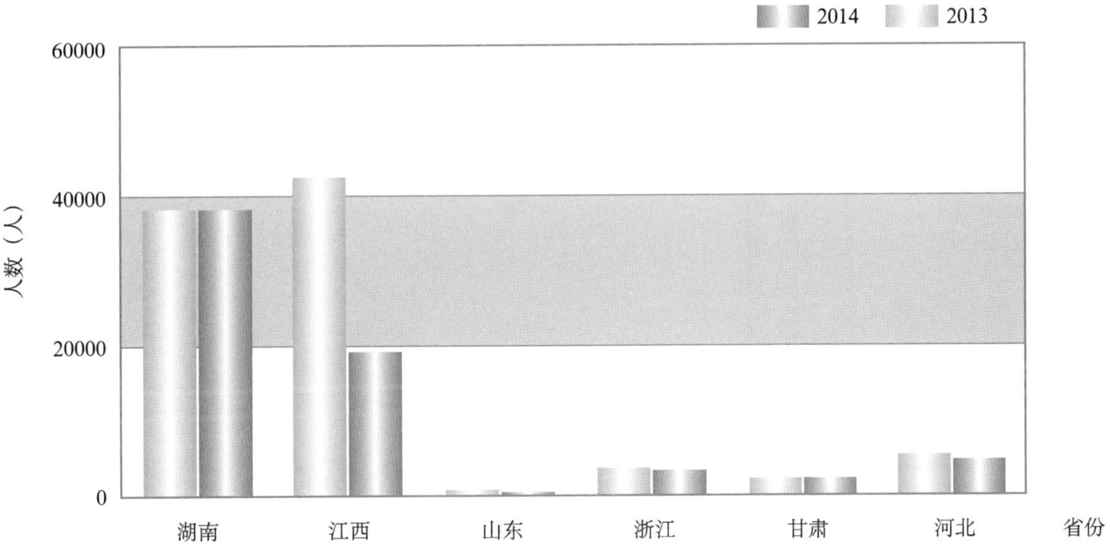

图 6　试点省在职职工分布

有林场在岗职工人数 37123 人，比 2013 年减少了 26680 人（图 7）。从各省情况看，江西省在岗职工人数为 10805 人，比 2013 年减少了 24337 人；其他 5 个试点省在岗职工人数均比 2013 年略有减少。关于离退休人数，2014 年试点省离退休职工人数共 71680 人，比 2013 年减少了 4450 人（图 8）。从各省情况看，首先是江西省，比 2013 年减少了 3011 人；其次是甘肃省和河北省，分别减少了 938 人和 744 人；再次是浙江省离退休职工人数，反而增加了 282 人。离退休职工人数减少的重要原因是国有林场为离退休职工置换了国有职工身份，其中江西省表现尤其突出。从总体上看，2014 年，试点省在岗职

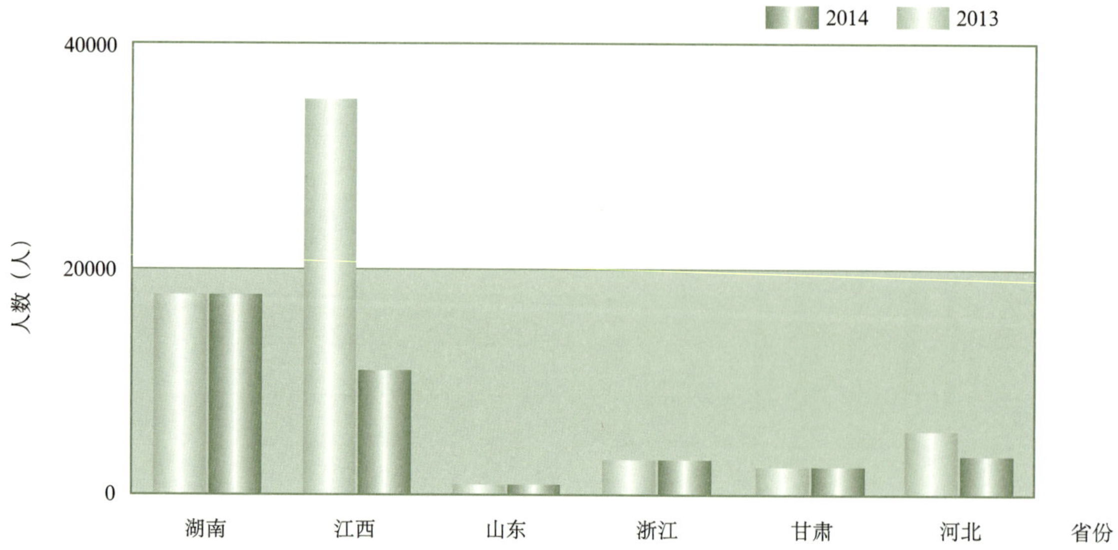

图 7　试点省在岗职工分布

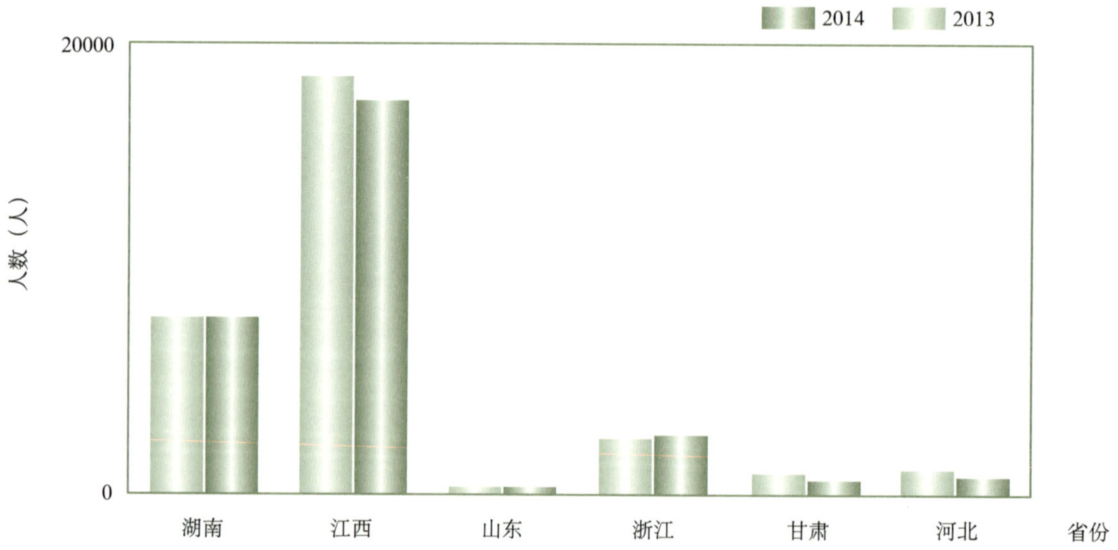

图 8　试点省离退休职工分布

工总人数比在职职工总人数减少 30909 人，而 2013 年，前者比较后者减少 28984 人（图 9）。从江西省各类职工人数对比发现，离退休职工人数远大于在职职工，在职职工也多于在岗职工，表明江西省国有林场改革所负担的退休金、社保金以及经济补偿费远高于其他试点省，随着国有林场改革的深入推进，将会继续面临巨大的改革经费压力（图 10）。

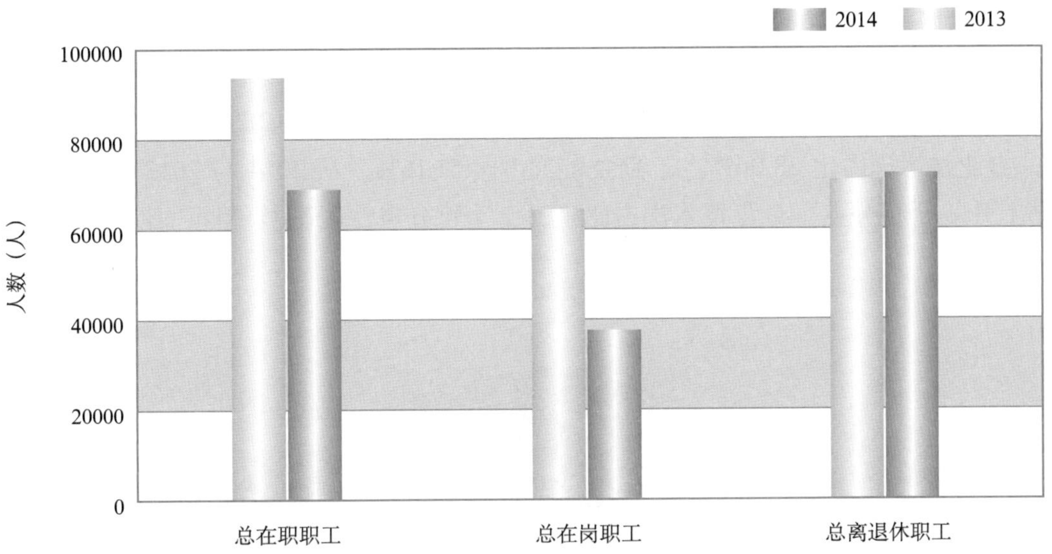

图 9 试点省国有林场各类职工分布

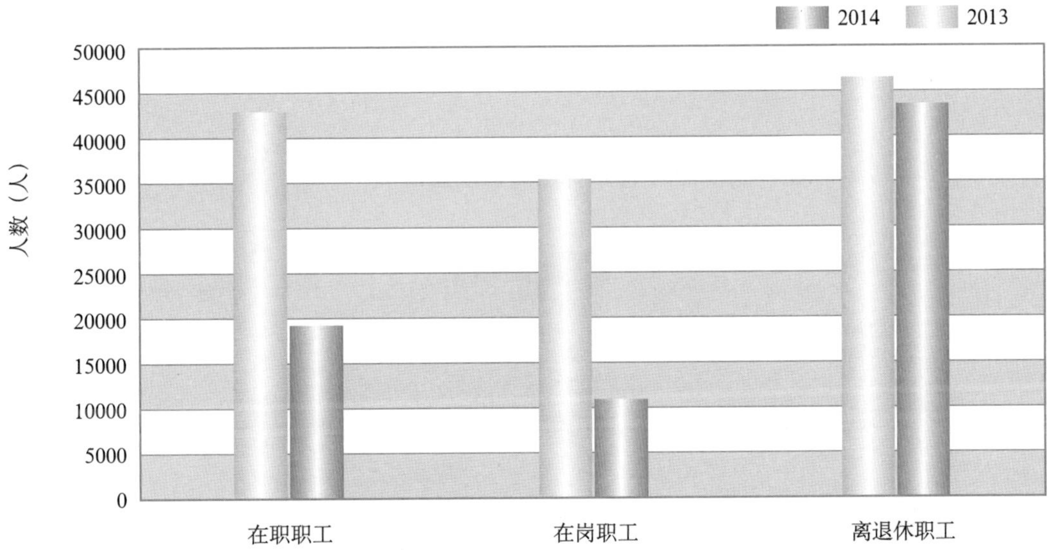

图 10 2013 ~ 2014 年江西省国有林场各类职工人数分布

从样本林场经营规模看，2014 年样本林场无论从经营面积、林地面积，还是公益林、国家级公益林面积的平均值均实现了增加（表 5）。

表 5 样本林场各类土地面积平均值（万亩）

年份	经营面积	林地面积	公益林面积	国家级公益林面积
2013	12.78	12.07	8.52	5.57
2014	13.24	12.63	8.70	6.10

3．专业技术岗位比例有所提高，人员结构得到优化

大多数林场对工作岗位进行了调整优化，包括管理岗、专业技术岗与工勤技能岗三类，这使得岗位设置更加明确。如图 11、图 12 所示，在样本林场中，2014 年，管理岗占比 20.78%，专业技术岗占比 28.06%，工勤技能岗占比 51.16%。从 2014 与 2013 年对比看，管理岗占比上升 6 个百分点，专业技术岗占比上升 7 个百分点，工勤技能岗占比下降 13 个百分点。

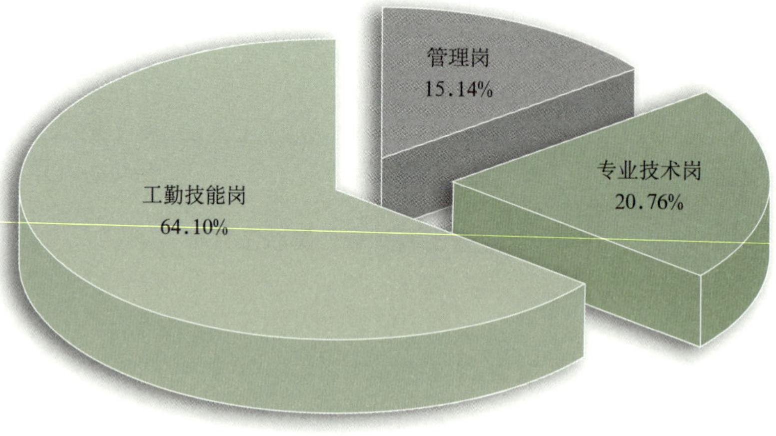

图 11　2013 年样本林场岗位设置情况

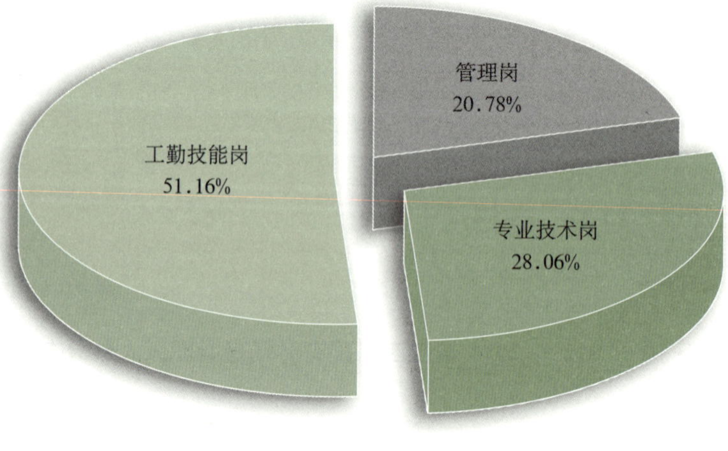

图 12　2014 年样本林场岗位设置情况

在样本职工中，管理岗位人数为 98 人，占比 21.44%，比 2013 年降低 8 个百分点；专业技术岗位人数为 140 人，占比 30.63%，较去年增加 4 个百分点；工勤岗位人数为 211 人，占比 46.17%，较 2013 年增加 5 个百分比。分省来看，河北省样本职工的岗位分配和 2013 年相同，浙江、江西、甘肃 3 省管理岗位人数占比下降，山东和湖南 2 省管理岗位和专业技术岗位占比均有小幅增长，工勤岗位占比下降。各省管理岗、

表 6　样本职工岗位类型

省份	岗位类型	2013		2014	
		人数	占比（%）	人数	占比（%）
河北	管理	1	5.00	1	5.00
	专业技术	2	10.00	2	10.00
	工勤	17	85.00	17	85.00
浙江	管理	20	22.47	17	19.77
	专业技术	45	50.56	37	43.02
	工勤	24	26.97	31	36.05
江西	管理	130	44.83	57	33.33
	专业技术	72	24.83	52	30.41
	工勤	78	26.90	60	35.09
山东	管理	7	13.46	7	14.00
	专业技术	13	25.00	13	26.00
	工勤	32	61.54	29	58.00
湖南	管理	11	10.48	10	11.76
	专业技术	12	11.43	17	20.00
	工勤	72	68.57	54	63.53
甘肃	管理	7	15.91	6	13.33
	专业技术	17	38.64	21	46.67
	工勤	20	45.45	18	40.00
合计	管理	176	29.33	98	21.44
	专业技术	161	26.83	140	30.63
	工勤	243	40.50	211	46.17

专业技术岗和工勤岗三类岗位人数比为浙江省 20：43：36、江西 33：31：35、山东 14：26：58、湖南 12：20：64、甘肃 13：47：40。

（四）经营机制创新情况

1. 用人机制发生改变，通过市场机制购买劳务现象增多

林场定岗定编之后，产生了一批下岗分流人员。为解决分流人员安置问题，样本林场创新用人机制，采用合同、委托等方式向分流人员购买劳务。从监测数据与上报资料中可以发现，林场主要雇佣原本下岗失业人员从事生产经营活动，确保分流待岗人员实现再就业。雇佣人员主要从事造林、管护、森林防火、抚育、病虫害防治等业务活动。

例如，河北丰宁县邓栅子购买劳务主要用于造林、林分改造、护林；山东平邑县万寿宫林场购买劳务主要用于森林抚育。一般地，若雇佣劳动时间较短，则林场与这些临时雇员达成口头协议；若雇佣时间较长，则双方将签订书面劳务合同。

2．新进人才仍以政策性安置为主，职工培训力度林场间差异较大

近年来，样本林场不断探索新进人才方式，选人用人方式日益多样化，涵盖了政策性安置、上级任命与公开招聘三大类。但从2014年上报材料与监测结果来看，政策性安置仍是主要方式，公开招聘占比未有增加。样本林场通过培训与轮岗等形式加强人才队伍建设，但林场间差异较大。2014年，样本林场职工平均参加培训59人次，最多的是500人次（湖南浏阳市大围山林场），最少的是0次（如河北隆化县茅荆坝林场与浙江省永嘉县四海山林场），极差达到500人次；样本林场职工平均轮岗4人次，最多的是21人次（浙江省庆元县实验林场），最少的是0人次（如江西贵溪市双圳林场、甘肃正宁县林业总场等），极差是21人次。

3．多数林场建立绩效考核机制，但实施效果差异明显

2014年，66.67%的样本林场实施了绩效工资。然而，不同林场绩效工资占总工资比例差异很大，实施效果不一。一些林场绩效工资占比较高，如2014年浙江省三门县林场与临安市天目山林场绩效工资占比分别达到80%与75%；另一些林场绩效工资占比较低，如甘肃湘乐林业总场与湖南攸县黄丰桥林场绩效工资占比分别为4.11%与11.78%。一般地，东部经济发达地区国有林场绩效工资占比较高，经济欠发达地区国有林场绩效工资占比较低。

（五）民生改善情况

国有林场改革带来的民生改善总体上包括以下几个方面：一是样本职工的工资收入和工资外收入均有不同程度的增长，尤其是工资外收入涨幅较大；二是职工的社会保障整体上提高，但是部分省份养老和医疗的参保率较上年有所下降；三是富余职工安置渠道增多，以内部退养、提前退休与通过政府购买服务从事森林管护3种方式为主；四是职工对改革的满意程度增加，其中4省职工满意度都高达100%。

1．职工收入水平较低，但增长速度较快

从样本林场总体情况看，2013年与2014年样本林场职工年均工资分别是33276.33元与38849.87元，均明显低于同期全国城镇单位就业人员年均工资水平（51483元与56339元）。但从这2年对比看（图13），样本林场职工年均工资增幅（16.75%）大于全国城镇单位就业人员年均工资增幅（9.43%）。这表明：尽管样本林场职工工资基数较低，但其增速较快，使得其与全国城镇单位就业人员年均工资水平差距逐渐缩小。

从样本林场分省情况看（图14），2014年，浙江国有林场职工年均工资较高（56472.67元），其次是山东（40740元）、甘肃（40553.61元），再次是江西（32059.43元）、河北（31069元）与湖南（28060.11元）。其中，浙江林场职工年均工资接近于湖南的2倍。从2014

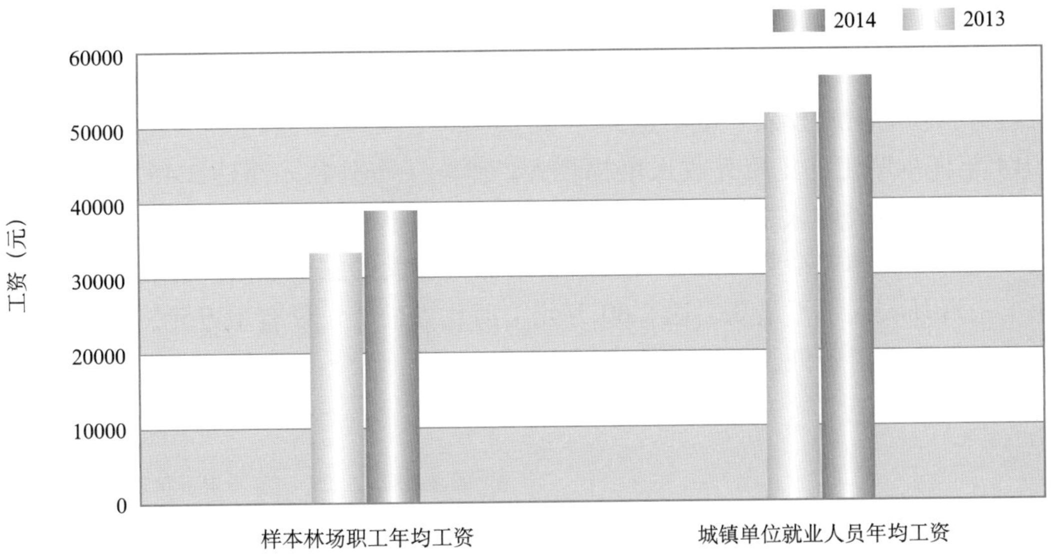

图 13　样本林场职工和城镇单位就业人员年平均工资

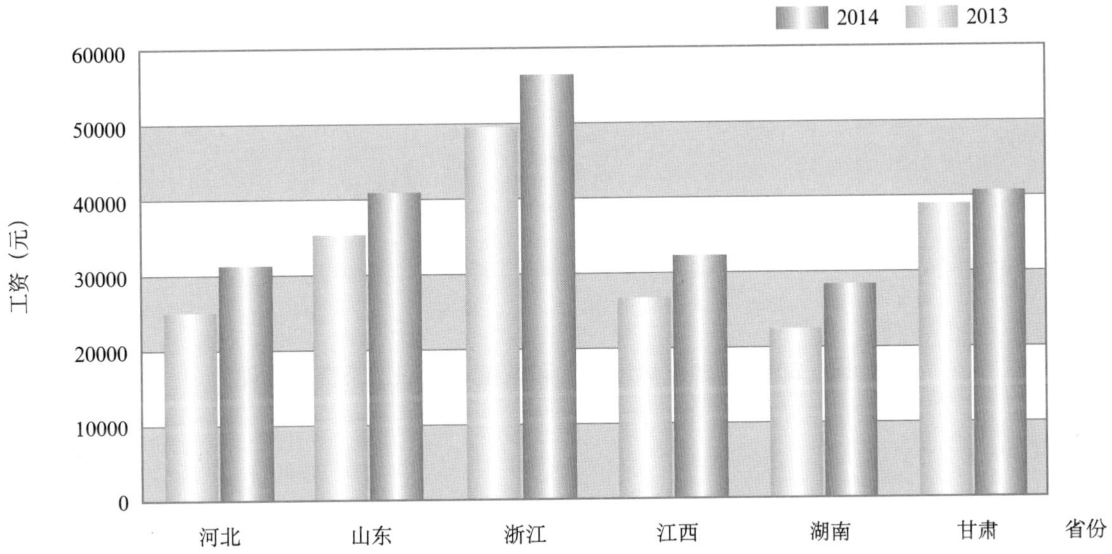

图 14　各省样本林场职工年平均工资

与 2013 年对比看，增速较快的是湖南（26.88%）、河北（25.36%）与江西（21.79%），其次是山东（15.94%）与浙江（14.08%），再次是甘肃（4.63%）。由此可见，工资水平较低的省份一般增速较快。职工工资增长主要因为 2013 年改革还未全面展开，自收自支和差额拨款的林场收入较低，2014 年改革面进一步扩大，很多自收自支和差额拨款单位定性为全额拨款单位，职工工资相应增加。

2014 年各省的样本林场职工平均工资与城镇单位就业人员平均工资的差距都比较大，其中湖南省两者差距最大，高达 19057 万元；其次为江西省（14158.57 元）、河北

（14045 元）、山东（11085 元）、甘肃（6406.39 元），差距最小的是浙江省，林场职工工资也较城镇单位平均工资低出 5099.33 元（图 15），可以看出林场职工的工资水平还较低，国家财政对林场的财政投入严重不足。

2014 年样本职工的工资外收入增幅较大，平均工资外收入高达 2.45 万元，较 2013 年增长 90%。工资外收入主要包括开展森林旅游、从事林下经济以及外出务工这三个渠道，尤其是开展森林旅游收入成为工资外收入涨幅较大的主要原因。分省来看，浙江省样本职工工资外收入水平最高，达 2.60 万元；河北省最低，仅有 1 万元。除山东和浙江两省外，其余 4 省工资外收入均有提高（图 16）。

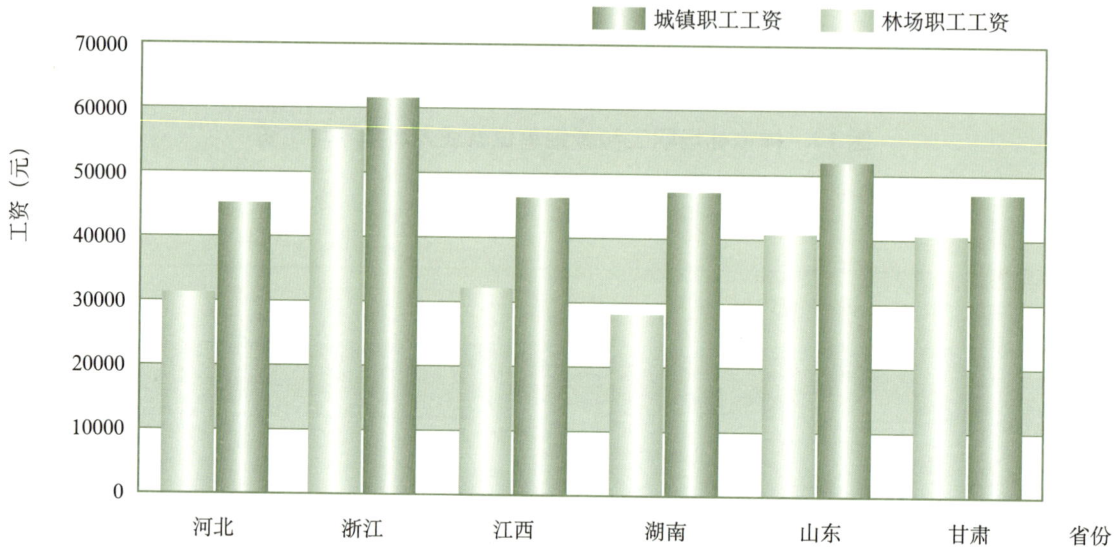

图 15　2014 年各省林场职工和城镇单位职工工资对比图

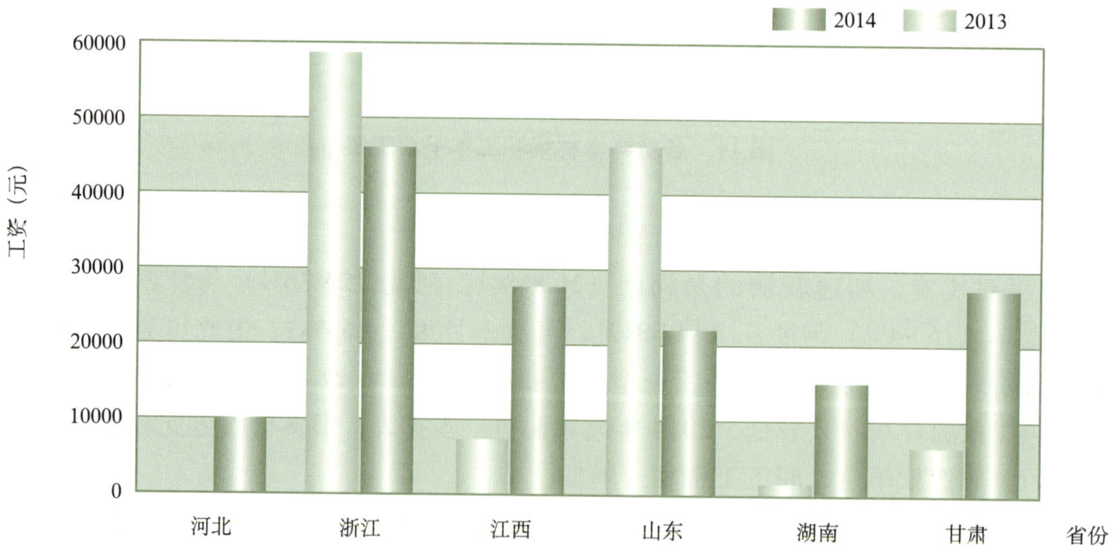

图 16　各省样本职工年均工资外收入

2．社保覆盖面扩大，保险金额持续增长

目前，样本林场基本养老保险与基本医疗保险参保人员涉及在职职工、离退休职工与一些社会聘用人员。总体上看，各省样本林场参保率较高，其中，在职职工接近100%，离退休职工次之，社会聘用人员参保率最低。

2013 ~ 2014 年样本林场职工参加基本养老保险人数占样本总量的比例由 85.00% 增加到 87.02%，2014 年人均缴纳养老金 2033.56 元，比 2013 年增长了 0.53%，其中企业型保险占 45.96%，事业型保险占 54.44%；参加基本医疗保险人数占样本总量的比例由 79.95% 增长到 88.85%，2014 年人均缴纳医疗保险 675.98 元，比 2013 年增长了 11.66%（表 7），其中城镇职工医疗占 84.57%，城镇居民医疗占 4.73%，新农合占 2.88%，其他占 7.82%。从回访样本职工来看，2014 养老和医疗保险参保人数以及保险缴纳金额均比 2013 年增加，其中养老参保人数增加 18 人，缴纳的养老金增长 3.13%，医疗保险参保人数增加 29 人，缴纳医保金增长 6.39%。

表 7　样本职工社会保障情况

省份	养老保险		医疗保险	
	参保率（%）	缴纳金额（元）	参保率（%）	缴纳金额（元）
河北	100.00	2338.2	100.00	466.5
浙江	82.65	2003.72	100.00	725.22
江西	97.65	2325.3	97.65	690.03
山东	90.38	1256.16	90.38	907.46
湖南	97.06	1534.09	77.45	541.96
甘肃	56.45	3075.51	100.00	627.79
合计	87.02	2033.56	88.85	675.98

据分省监测数据，2014 年养老保险覆盖率最高的是河北（100%），其次为江西（97.65%）和湖南（97.06%），再次为山东[1]（90.38%）、浙江（82.65%），最低的是甘肃（56.45%）。医疗保险覆盖率最高的是河北、浙江和甘肃，均达到了 100%，其次为江西（97.65%）、山东（90.38%），最低为湖南（77.45%）。2013 ~ 2014 年，养老保险方面：江西和甘肃两省的养老参保率有所提高，分别增加了 12 和 16 个百分点；浙江、山东和湖南 3 省的养老保险参保率比 2013 年有所降低，分别下降了 7、8 和 3 个百分点。除甘肃省缴纳的养老保险金额比 2013 年降低了 4.43% 以外，河北、浙江、江西、山东和湖

1. 据山东、浙江两省省级层面反映，两省已于2013年前将全部林场职工一次性纳入财政编制，百分百解决社保、医保。受监测数据填报质量影响，实际情况与监测情况有出入，特此说明。

南 5 省养老保险金额均有不同程度的增长，涨幅分别为 16.27%、9.04%、8.87%、8.01% 和 4.15%（图 17）。医疗保险方面：江西和甘肃 2 省医保参保率较 2013 年有所增加，分别增长了 31 和 10 个百分点，而山东和湖南 2 省参保率较去年降低，分别减少了 8 和 23 个百分点；除甘肃省医疗保险金额比去年减少 8.87% 以外，其余 5 省的医疗保险金均有所增长，涨幅分别为河北 12.63%、浙江 9.41%、江西 31.04%、山东 29.16% 和湖南 34.39%（图 18）。

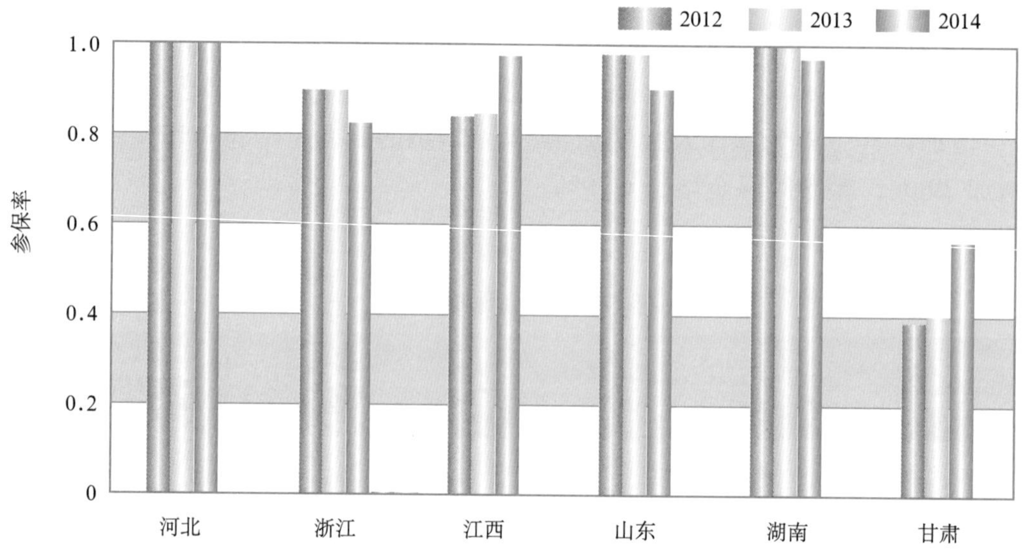

图 17　各省样本林场参加基本养老保险参保率

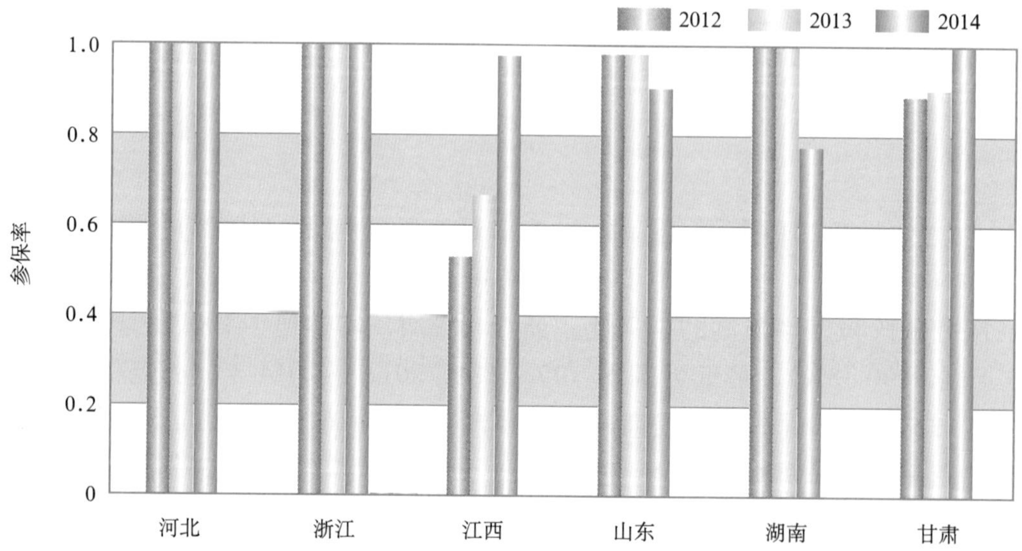

图 18　各省样本林场参加基本医疗保险参保率

3. 富余人员得到分流安置，途径方式多样化

根据2014年监测数据，样本林场分流安置职工的方式包括6种，即通过政府购买服务从事森林管护抚育、由林场提供特色产业等工作岗位、提前退休、内部退养、自愿解除劳动关系与其他，上述方式分流安置人数占总分流安置人数的比重分别是18.61%、2.23%、22.89%、32.43%、11.13%、12.71%。内部退休、提前退休与通过政府购买服务从事森林管护3种方式占比较高，是各省采取安置富余职工的主要方式。

从职工监测数据来看，在岗和待岗职工人数逐年减少，退休人数增多，富余职工逐渐得到妥善安置。2014年样本职工中在岗457人，待岗31人，分别占总样本的83.55%、5.66%，较2013年分别降低了1.3和1.1个百分点；退休59人，占总样本的10.79%，较2013年增加了3个百分点（表8）。从回访数据来看，在494个样本职工中，

表8　样本职工就业状态

省份	就业状态	2013		2014	
		人数	占比（%）	人数	占比（%）
河北	在岗	20	100.00	20	100.00
	待岗	0	0.00	0	0.00
	退休	0	0.00	0	0.00
浙江	在岗	89	90.82	86	87.76
	待岗	8	8.16	9	9.18
	退休	1	1.02	3	3.06
江西	在岗	290	78.38	171	80.28
	待岗	36	9.73	11	5.16
	退休	32	8.65	31	14.55
山东	在岗	52	98.11	50	96.15
	待岗	0	0.00	0	0.00
	退休	1	1.89	2	3.85
湖南	在岗	105	93.75	85	83.33
	待岗	4	3.57	11	10.78
	退休	3	2.68	6	5.88
甘肃	在岗	44	70.97	45	72.58
	待岗	0	0.00	0	0.00
	退休	18	29.03	17	27.42
合计	在岗	600	84.87	457	83.55
	待岗	48	6.79	31	5.67
	退休	55	7.78	59	10.79

从2012年开始，在岗人数逐年减少，待岗人数保持不变，而离退休人数逐年增加。具体来看，2014年在岗人数416人，比2013年减少6人，而离退休人数较去年增加7人。分省来看，江西省在岗职工人数减少幅度较大，减少了119人，待岗人数也从36人减少到了11人，离退休人数相应增加，浙江、山东和湖南3省的在岗职工人数占比也呈现出下降的趋势，湖南省通过提前退休的方式分流富余职工，并通过发展经济林、林下经济和森林旅游等形式转岗一部分富余职工，通过购买服务等方式重新安置原本下岗职工。富余职工逐步得到妥善分流安置。

4．林场基础设施建设改善，但仍存在安全生产隐患

国有林场改革后，中央重视加强国有林场基础设施建设，要求将国有林区水、电、路、房、广播电视等基础设施建设纳入相关专项规划逐年安排实施。2013～2014年，样本林场基本建设投入平均值由285.87万元增长到335.41万元，增幅17.33%。山东、江西等省已将国有林场基础设施建设纳入了地方经济社会建设计划，有效改善了林场道路、办公场所、水电、通讯、广播电视等“最后一公里”问题，饮用水达到国家安全标准。山东、河北、江西等省实施棚户区和危旧房改造工程，职工住房条件大幅改善，实现了林场职工林区一张床安心生产，城里一套房安居乐业。但是很多林场仍然存在工区管护用房老旧，存在着极大的安全生产隐患。

（六）解决历史遗留问题

1．林场债务依然沉重，并且明显增加

从样本林场情况看，2013～2014年其债务平均值由2416.37万元增加到2778.87万元，增幅15.00%。。其中，样本林场银行债务平均值由201年的385.60万元增加到2014年的1052.05万元，增幅172.83%。2013～2014年，样本林场银行债务占总债务比重由15.96%增长至37.86%。

从林场之间横向比较看，不同林场债务差异较大。2014年，样本林场总债务最大值22410.20万元（江西景德镇市枫树山林场），最小值是0万元（如山东临沂市费县塔山林场、甘肃正宁县林业总场）；银行债务最大值12605.00万元（湖南苏仙区五盖山林场），最小值是0万元（如山东临沂市费县塔山林场、甘肃正宁县林业总场）。另外，即使扣除江西景德镇市枫树山林场与湖南苏仙区五盖山林场的影响，其他样本林场债务与银行债务在2013～2014年也呈现双增长态势。

2．办社会职能基本剥离，移交属地管理

在样本林场中，88.89%的林场剥离了场办医院（卫生所）职能，100%的林场剥离了场办学校职能。不过，仍有甘肃合水林业总场与湘乐林业总场等少数林场还保留场办医院。另外，根据林场实地调研了解到，大多数林场已经理顺了国有林场与代管乡镇、村的关系，但仍有江西贵溪市双圳林场与永丰县官山林场等少数林场存在代管行政村与村民小组的现象。

（七）森林资源变化和产业发展情况

1．林场管护措施得力，林地资源得到保护

从表 9 可知，95% 以上的样本林场均建立了森林资源档案与森林资源管护责任制。由于实施措施得当，样本林场既没有发生重大火灾，也没有出现乱砍滥伐现象，而且，林地基本上得到保护。不过，仍有极少数林场反映存在林地被村集体、农民非法侵占的现象。

表 9　2014 年样本林场森林资源保护情况

监测指标	统计指标	有	无	合计
有无建立森林资源的档案	样本数	29	1	30
	比例（%）	96.67	3.33	100
有无建立森林资源管护责任制	样本数	30	1	31
	比例（%）	96.77	3.23	100
有无发生重大火灾	样本数	0	31	31
	比例（%）	0	100	100
有无乱砍滥伐现象	样本数	0	30	30
	比例（%）	0	100	100
有无发生违法违规流转林地	样本数	0	31	31
	比例（%）	0	100	100
有无发生林地被非法调拨	样本数	0	30	30
	比例（%）	0	100	100
有无发生林地被非法占用现象	样本数	0	30	30
	比例（%）	0	100	100
有无发生林地被村集体、农民等非法侵占现象	样本数	2	28	30
	比例（%）	6.67	93.33	100

2．森林资源数量实现稳中有增

（1）从试点省全部林场看，林地面积与森林蓄积量均实现了增长。从林地面积看，2014 年试点省国有林场林地总面积 5592.31 万亩，比 2013 年增加了 54.46 万亩；公益林面积 2977.74 万亩，比 2013 年增加 8.68 万亩。从各省情况来看，如表 10 所示，2014 年，试点省国有林场林地面积中，江西省最大，达 2473 万亩，山东省最低，仅为 78.9 万亩。试点各省与 2013 年比，江西省、浙江省分别增加了 53 万亩、22 万亩，山东省、湖南省和河北省保持不变，仅甘肃省减少了 20.5 万亩。如表 11 所示，2013 ~ 2014 年各试点

省国有林场公益林面积几乎没有变化。从森林蓄积看，2014 年试点省国有林场森林总蓄积 2.16 亿立方米，比 2013 年增加了 836.87 万立方米，增幅为 4.02%。从各省情况来看，如表 12 所示，2014 年，试点 6 省国有林场森林蓄积量均有增加，其中河北省增加最多，增加了 323 万立方米。

表 10　试点省国有林场林地面积（万亩）

	湖南	江西	山东	浙江	甘肃	河北
2013	1546.3	2420	78.9	309	718.65	465
2014	1546.3	2473	78.9	331	698.11	465

表 11　试点省国有林场公益林面积（万亩）

	湖南	江西	山东	浙江	甘肃	河北
2013	1035.9	1159	65.92	242.1	163.92	302.22
2014	1035.9	1159	65.92	251	163.92	302

表 12　试点省国有林场森林蓄积（万立方米）

	湖南	江西	山东	浙江	甘肃	河北
2013	7190.4	9270	303.7	1768	1236.6	1037
2014	7342.2	9343	306.27	1880	1421.1	1350

（2）从样本林场情况看，林地面积和森林蓄积均实现了增长。2013 ～ 2014 年样本林场林地总面积由 482.91 万亩增加到 505.17 万亩，增幅 4.61%；总蓄积量由 2253.91 万立方米增长到 2361.18 万立方米，增幅 4.76%。与试点省全部林场相比，样本林场无论是林地总面积还是总蓄积量增速均较高。另外，根据实地调研获知，样本林场林地总面积增长的一个重要原因是场外造林。

从样本林场林地面积看，2013 ～ 2014 年其平均值由 12.07 万亩增长到 12.63 亩，增长了 4.6%。分省看，浙江、江西、湖南与甘肃平均值分别由 5.14 万亩、18.39 万亩、6.69 万亩与 22.66 万亩增长到 5.18 万亩、19.45 万亩、7.19 万亩与 23.91 万亩；河北保持 23.28 万亩不变；浙江由 5.14 万亩下降至 5.18 万亩。从样本林场森林蓄积看，2013 ～ 2014 年其平均值由 56.35 万立方米增长到 59.03 万立方米，增加了 4.76%。分省看，2014 年其平均值由大到小依次是河北、江西、甘肃、湖南、浙江与山东，分别是 161.50 万立方米、87.93 万立方米、73.93 万立方米、37.07 万立方米、34.09 万立方米与 19.59 万立方米；与 2013 年相比，2014 年 6 省样本林场森林蓄积量平均值均实现了增长，其中江西与甘肃增长幅度最大，分别增长了 5.34 万立方米与 4.42 万立方米。

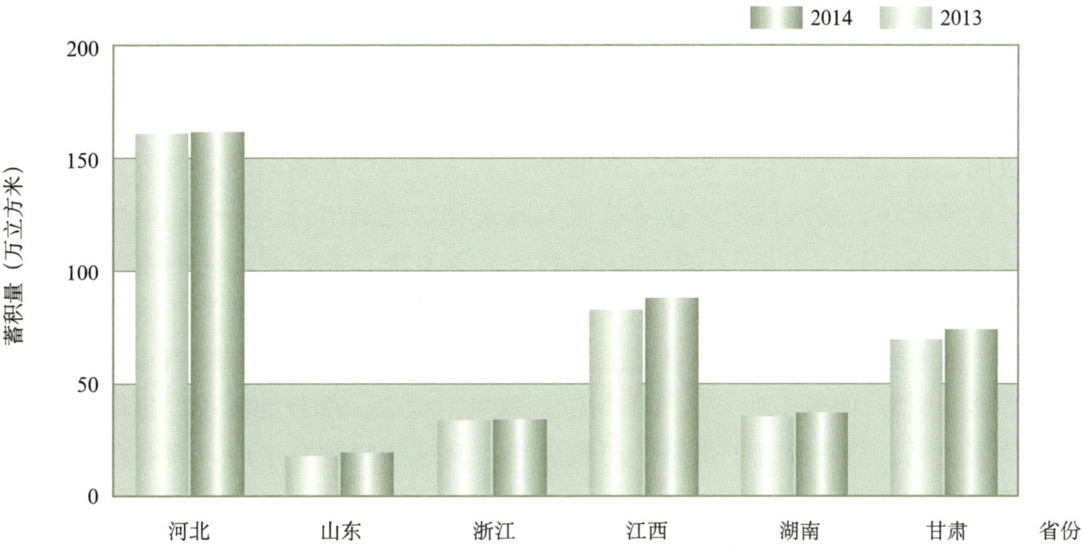

图 19　分省样本林场森林蓄积量平均值

3．财政投入快速增长，社会资本逐步进入

2013 ～ 2014 年，样本林场财政投入平均值由 379.66 万增长到 660.39 万元，增幅 73.94%。根据实地调研，财政投入增长主要用于人员经费与工作经费；基本建设投入平均值由 285.87 万元增长到 335.41 万元，增幅 17.33%。2013 ～ 2014 年，社会投入平均值由 7.69 万元增长到 1660.83 万元，但这种高增长是由个别林场（湖南浏阳市大围山林场）2014 年的高投入引起的（该林场为建设好国家级森林公园，当年吸纳社会投资 19700 万元）。扣除该林场社会投入的影响，2013 ～ 2014 年社会投入平均值由 7.69 万元增长 20.91 万元，增幅度明显缩小。另外，根据监测数据，在样本林场中，25% 的林场引进了社会资本，并且这些林场主要分布在东中部省份。

4．第一、二产业产值占比较低，第三产业产值占比较高

2014 年样本林场第一、二、三产业产值平均值分别是 1092.43 万元、186.57 万元和 3738.94 万元。第三产业位居首位，第二产业退居末位。但考虑到样本林场已经将主要功能明确定位于保护培育森林资源、维护国家生态安全，林场第一产业未来发展前景会更加广阔。

三、存在的问题及成因分析

2013 ～ 2014 年度，6 省国有林场改革试点工作进展顺利，然而在制度建设、经费落实、人力资源开发、职工增收、债务化解和林地保护等方面依然面临着一些问题，主要表现在以下几个方面：

（一）改革政策法规出台滞后于现实需求

国有林场改革的持续推进离不开政策法规的支持。但在监测中发现，各省无论综合指导性的改革文件还是与改革配套的政策法规出台都较为迟缓，基层林场改革因改革方向不明确而无所适从，各方面改革意志很难统一，利益诉求难以协调。造成政策法规出台滞缓的主要原因来自于几方面：一是国有林场改革过程中本身问题较多，政策的制定要考虑各方面问题，尤其要考虑其他领域的改革对现有政策制定的影响，因此在政策法规出台层面，往往较为滞后；另外，各地区在立法过程中大多向国家看齐，尤其是强调顶层设计的情况下，省级政府往往等待国家政策和法规的出台，然后加以落实，而无论是国有林场改革还是《中华人民共和国森林法》等有关林业重要法律的重新修订往往时间较长，这造成各地区政策法规制定缺乏依据。二是前期制定的政策在落实方面出现了执行问题。虽然国家林业局2011年出台了《国有林场管理办法》，很多省市也出台了《国有林场管理条例》，但很多地方执行不到位，效果不理想。部分地区不经批准改变林场的属性和隶属关系，给资源管护带来了严重后患，而这些问题发生后，需要在新出台政策文件时予以纠正。

（二）改革配套资金落实困难

长期以来，国有林场水、电、路、通讯等基础设施薄弱，很多设施落后或损坏，林道荷载和安全性能不能满足生产经营需求，已经影响了职工生产和生活，加之沉重的债务负担，使得林场发展举步维艰。监测发现，林场必备基础设施建设、电网改造升级、棚户区（危旧房）改造工程等投资力度小，保障性安居工程等资金投入不足，这与中共中央、国务院《国有林场改革方案》（简称6号文件）提出的“多渠道加大对林场基础设施的投入，切实改善职工的生产生活条件”具有一定的差距。

国家对国有林场的资金投入虽在个别试点省有所增加，但总体呈大幅下降趋势，如湖南、甘肃、山东各省国有林场改革资金均无实质进展，一方面是由于部门地区国有林场改革采取先改革试点，然后资金下拨的方式有关；另一方面是随着国有林场改革的推进，国有林场所需的林场改革资金全部纳入当地政府财政，由同级财政发工资和交各类社保，而中央财政安排国有林场改革补助资金主要用于解决国有林场职工参加社会保险和分离林场办社会职能问题，当这些问题解决之后，中央政府将不再支持。从6号文件来看，“中央对各地国有林场改革工作实行分类指导，在政策和资金上予以适当支持”，说明中央对各地区林场改革会给予资金支持，但是不一定必须给予支持，加之省级政府对国有林场改革负总责，因此各地区不能过度依赖中央的资金支持。由于资金投入规模小，以及林场创收渠道和空间狭窄的限制，林场日常的培肥地力、抚育管理、防救火灾、治理病虫鼠害、改造生长不良的低效林等一系列森林经营措施和保护管理工作不能有效开展。以改革工作经费为例，根据监测，山东、甘肃两省还没落实到位，改革工作经费的落实不力不仅会影响林场改革管理人员、工作人员的积极性，而且会制约林场的发展，甚至成为当前国有林场改革的一大阻力。

（三）人力资源建设迟缓

国有林场“人才短缺、断档、难以晋级晋档”局面共存。高学历、高技能人员难以进来，加上由于国有林场条件艰苦，收入低，保障少，职工子女就读困难等原因，林场出现人才断档，表现在需要的人才不愿来、来了留不下、留下的人力资源素质较低。很多林场多年没有进人，山东省部分国有林场已多年未招进新人。在职职工方面，职工队伍年龄偏大，平均年龄 47 岁，队员老龄化造成了森林火灾扑救兵力不足。如果按省、市防火条例每 500 亩必须配备 1 名专职护林员的要求，诸多林场存在缺员现象。国有林场在职职工文化素质较低，平均受教育年限 11 年，江西省国有林场大中专以上学历的职工仅占在岗职工总数的 11.2%，另外，职工健康状况欠佳，长期病号比例占 10%。

国有林场人才流失严重。很多在职大专以上学历的职工由于林场生活艰苦、待遇差、编制难以落实等问题，不愿留在林场，离职情况时有发生。随着国有林场改革的不断深入和林场产业结构转型、调整步伐的加快，许多林场缺乏人才，人力资源建设迟缓致使很多林场面临有资源、有愿望，却无人才谋发展的尴尬局面。究其原因，主要包括：一是国有林场大多地处边远地区，工作和生活条件十分艰苦，林场条件差、待遇低，加之工资、保险等多年来无力完全落实，造成现有人才留不住，高素质的外部人才不愿来，林场职工老龄化、知识结构严重失衡、技术力量相对薄弱。二是内部用人机制不灵活，事业单位编制偏少，个人成长发展空间相对较小，林场地处偏远地区，信息闭塞，职工的思想观念比较陈旧，市场经济意识不强，知识结构与当前形势和发展的要求还有很大差距，职工普遍存在着“坐、等、靠”的思想，干部职工能上不能下，难以调动职工的工作积极性。三是门槛和学历要求找不到所要的人，招聘的大学生，既不安心林场工作，也不胜任护林员工作，一个人根本无法单独居住和巡护，河北省近几年招聘大学生，之后或者调入机关单位，或者辞职另谋出路。四是职工培训力度不够。由于缺乏资金和当地林业部门重视程度不够，林场培训力度较低，干部、职工的素质和业务技能较低，如个别省份两年来几乎没有举办过国有林场培训班。职工普遍文化程度较低，妨碍了林场科技的推广应用，科技含量不高导致林场发展失去原动力，严重影响林场效益的发挥和提高。

（四）林场职工生计困难

林场职工收入低，生活贫困。2013 与 2014 年样本林场职工年均工资分别是 33276.33 元与 38849.87 元，均明显低于全国城镇单位就业人员年均工资水平（51483 元与 56339 元）。一些林场兑现职工工资存在一定困难，无法从根本上改变困难职工的生活状况，大多数职工的生活水平、生存状况远不如当地农民，而且职工看病难、上学难问题突出。随着林场转变为公益型林场后，由于木材大面积停伐，林场失去了主业收入，林场资源好、覆盖率高，基本不存在空闲地，也不能实现种植收入，而依靠旅游收入的山区林场由于地处偏远、交通不畅、接待能力差，职工收入也偏低，部分职工出现了消极怠工现象。还有，发展森林旅游、林下经济的效益分成与全额公益类事业单位的定性存在机制冲突，“收支两条线”使得林场收益并不能以收入的形式返还给职工，而且事业单位的性质不允许出现工资外收入，这就造成了林业的多元化经营与全额公益类事业单位的规定冲突，如何在保护好森林资源的同时实现林场、林农、社会投资者等多方共赢，需要政府设计制度安排，避免政策冲突。尽管分流转岗人员以承包山林发展林果业以及外出打工为主要收入来源，但林场一般地处偏僻地区，经济不发达，林果经营和城镇打工对提高收入也很有限。除此之外，一些林场退休职工年迈多病、医疗费用日益加重，生活较为困难，又造成了职工收入的下降。

另外，职工社会保险待遇不能很好落实。部分林场职工没有城镇医疗保险，还有部分国有林场拖欠职工社会保险费，湖南省有些林场还出现了社保无力承担问题，职工养老保险受到国有林场定性的影响，一些国有林场无处也无力缴纳养老保险。失业、工伤和生育保险也因工资发放困难长期没有缴纳。由于林场收入下降，各项投入严重不足，社会保障制度不健全，导致一些林场的富余职工无钱分流安置，退休职工的补发工资和职工工资也无力按时足额发放。

（五）债务问题尚未有效化解

20 世纪八九十年代，许多林场采取贷款的办法解决造林育林、发展多种经营等资金短缺问题。进入 21 世纪后，随着天然林禁止商业性采伐政策的实施，木材产量锐减，收入直线下降，多数林场陷入生活难、生产难，还债更难的“三难”境地。据监测，2013 ～ 2014 年样本林场债务平均值由 2416.37 万元增加到 2778.87 万元，增幅 15.00%。其中，样本林场银行债务平均值由 385.60 万元增加到 1052.05 万元，增幅 172.83%。在这些债务中，银行债务增速较快，样本林场银行债务占总债务比重由 2013 年的 15.96% 增长至 2014 年的 37.86%，主要是由于部分林场的林业发展模式由木材生产为主转变为生态修复和建设为主、由利用森林获取经济利益为主转变为保护森林提供生态服务为主转变的过程中向银行贷款形成的，这是 6 号文件中所提倡的改革方向，并不能因为债务增加而认为改革不好，而是要区别对待。另外，一部分林场还自办学校、医院等社会事业，增加了林场的支出负担，如 2014 年，江西省还有场办学校 83 所，场办医务所（医院）63 所，代管村组 254 个。国有林场背负外债将会拖欠职工医疗保险、养老保险费等社会保险金，降低林场的自我积累、自我发展能力，直接导致职工生活陷入困境，远远低于当地农民平均生活水平。各试点省份通过不同方式解决国有林场改革成本问题，各级政府、国有林场通过积极与财政部、银行等主体谈判获得债务减免，从量上减轻了国有林场改革的负担，但一些林场对于公益性欠款、世行贷款与银行贷款等债务依然缺乏有效化解渠道。

（六）林地蚕食现象依然存在

国有林场依然存在周边群众逐步蚕食林地的现象。一些地方部门在没有办理正规手续的情况下，就批准某些个体户在林地边缘建造木材加工厂或批准某些村民的建房活动；还有的批准移动、联通等部门在林区内搭建基、架光缆线路。当地基层政府也会蚕食林地，由于绝大多数的国有林场属于当地市、县级政府管理，林场的事业经费、林业项目资金、生态效益补偿资金等资金来源于上级政府拨款，林场对财政的依赖程度高、国有林场管理者的职务升迁直接受制于当地政府，使得部分地区出现了政府通过行政命令方式侵占林地，而由于法律法规的不健全和林场的弱势地位，林场难以避免这种行为的发生。另外，林地权属管理不明确依然存在。自我国实施林地承包责任制以来，明确了林农及农户的管理权和使用权，由于受当年技术水平、政策水平等多因素影响，出现了地界变化、证书不清、权属模糊等问题。加之很多林地是从周边农村土地中抽离出来的，在退耕还林政策的影响下，引发了一系列的林权纠纷问题，对林场的正常营林工作造成了影响。伴随土地资源逐渐紧缺，很多村集体和农民借口山林权属不清，要求林场归还林地，有些村民蓄意抢占采伐迹地或在林地中随意搭盖家禽蓄养棚、擅自种树，还有的村集体在采伐后的林地抢山造林。国有林场在与周边农民发生纠纷时，农民有组织的上访使得县级、市级政府迫于维稳压力而将林地划给农民，这种做法强化了农民占地的随意性。长此以往，林场和周边群众的矛盾将会加深，引发冲突的风险将会加大，不利于保护和发展森林资源，改革的目标也不会如期实现。

四、国有林场改革与转型发展政策建议

（一）加强政策制度建设与执行，推进改革规范运行

第一，为深入推进国有林场改革，出台国家层面的国有林场法规刻不容缓，国家林业局场圃总站协同有关部门加快研究国有林场管理条例等国有林场管理法律制度措施，并在森林法中明确生态红线，国有林场实施生态红线管理。地方层面要围绕中央 6 号文件，与当地有关部门做好统筹协调工作，结合当地实际尽快出台相关法律法规，制定具体方案，确定目标、任务与措施，确保按时完成各项任务与目标。严格依法依规推进改革，规范改革的运行，确保改革稳步扎实推进。对完成改革的尽快制定国有林场中长期发展规划等政策。第二，改革推进过程中，要加强各级指导文件的落实到位，做好风险预警，加强跟踪分析和督促检查，适时组织评估政策实施与落实的情况，避免政策落实过程中出现方向性的偏差，实施过程中出现重大问题要及时上报。

（二）加大资金投入与落实，夯实改革发展资金保障

第一，继续保障和全面落实中央财政关于国有林场改革补助资金的安排，着重解决国有林场职工参加社会保险和分离林场办社会职能的资金问题。第二，省级财政要重点安排资金，统筹解决国有林场改革成本问题，进一步加大改革工作经费的投入，满足国有林场深化改革与配套措施实施的需求。第三，协调当地规划部门，将国有林场基础设施建设纳入同级政府建设计划，按照支出责任和财务隶属关系，在现有专项资金渠道内，加大对林场供电、饮水安全、森林防火、管护站点用房、有害生物防治等基础设施建设的投入，将国有林场道路按属性纳入相关公路网规划。并加快国有林

场电网改造升级。第四，着力解决国有林场历史债务问题。对国有林场金融债务情况进行调查摸底，按照平等协商和商业化原则积极进行处理，国家林业局协同中国银监会、财政部重点解决林场因公益性转型而无法偿还的银行债务，对于经营性债务，要继续按商业原则，到期后依法予以偿还。第五，加强改革发展资金的落实与监督，加大稽查力度，避免由资金落实不到位而影响改革进度和积极性等情况的出现，确保财政资金的有效落实和效益的发挥。

（三）创新机制，引入社会工商资本

第一，发展绿色金融，开发适合国有林场特点的信贷产品。引导金融机构开发贷款期和宽限期长、利率优惠、手续简便、服务完善等适应国有林场特点的金融产品，释放林场发展潜力，将林场的资源优势转变为发展优势。第二，实施贴息期限与林业贷款周期相一致、贴息范围与林场发展领域相适应的财政贴息政策。加大贴息投入力度，建立健全财政、林场、金融管理部门共同参与的林业贴息贷款协同监管机制。第三，推广公私合作（PPP）模式，在发展森林公园、森林旅游和休闲游憩设施以及林场公共服务设施等领域优先探索实施 PPP 项目，并加快制定相关管理办法。第四，实施经营特许权制度，引入社会资本。针对森林旅游、森林公园开发等项目，通过林场内的不同经营项目通过经营特许权，实施点状招商，引入不同社会资本。

（四）加强人力资源建设，增强国有林场发展后劲

第一，创新录用机制，吸引年轻的优秀的人才进入队伍。除了国家规定公开招聘的岗位之外，可实施一定比例的自主招录，通过差异化的录用管理，根据技术和管理等岗位或工种不同，设立不同的考试录用门槛，适当放宽艰苦地区国有林场专业技术职务评聘条件，适当提高国有林场林业技能岗位结构比例；也可参照支持西部和艰苦边远地区发展相关政策，引进国有林场发展急需的管理和技术人才，解决林场人才老龄化严重问题。第二，加强现有林场人力资源知识或技术结构的转型。以培训和在职教育为主，加强在职在岗人员的林业新技术新技能的培训，加强国有林场人力资源的知识与技术技能结构的转变，使国有林场更加适应和满足“保护培育森林资源、维护国家生态安全”主体功能定位及其人才需求。同时加强国有林场领导班子建设，提高整个国有林场人员综合素质和业务能力。第三，制定国有林场人才流动制度，鼓励人才在林场内和林场间流动，还要形成“留得住，上的去”的国有林场人才流动机制。

（五）采取多种渠道，着力改善职工生计

第一，逐步提高公益林管护费补助标准，切实增加林场职工收入。第二，在保持林场生态系统完整性和稳定性的前提下，根据林场资源禀赋条件和生态条件，按照科学规划原则，鼓励社会资本、林场职工发展林下特色经济、森林旅游等特色产业，有效盘活森林资源，提高职工收入，努力缩小与城镇单位就业人员年均工资水平的差距。第三，

尽快解决拖欠职工工资问题，提高职工工作的积极性。第四，完善林场职工五险一金制度，将全部富余职工按照规定纳入城镇职工社会保险范畴。第五，将国有贫困林场扶贫工作纳入各级政府扶贫工作计划，加大扶持力度，并加大对林场基本公共服务的政策支持力度，促进林场与周边地区基本公共服务均等化。第六，加强林场富余职工的安置工作，按照“内部消化为主，多渠道解决就业”和“以人为本，确保稳定”的原则，通过政府购买服务实现再就业，或者通过增加中幼林抚育、后备资源培育等新任务，新增就业岗位，保证富余职工就业。第七，着力改善职工住房问题，落实国有林场职工住房公积金和住房补贴政策，依据保障性安居工程建设的标准和要求，允许国有林场利用自有土地建设保障性安居工程。第八，因地制宜，着力改善林场医疗卫生和教育问题，尽量避免因社会职能剥离后，林场职工及其子女获取医疗卫生和教育服务困难的情况。

（六）加强林场森林资源管护，促进森林资源增长

第一，及时解决与周边社区的林地纠纷问题。积极开展林场与周边村集体农民土地的协调工作，采取不同的措施分别解决已经被侵占的林地，已经拍卖的林地，四至不清、边界不明、界标不规范的地块，以及“一地多证”争议区域的问题。第三，加强森林资源的培育与管护，将之作为国有林场主要业务。保持国有林场林地范围和用途的长期稳定，严禁林地转为非林地。开展国有林场森林资源保护和培育工程，通过加强中幼林资源的抚育，以及劣质低效林改造等措施，精准提升森林质量和生态效益。第二，加强国有林场森林资源监测体系建设，实现国有林场森林资源管护现代化智能化。包括森林数量、质量、生物多样性等生态和经营指标，建立健全国有林场森林资源管理档案，定期向社会公布国有林场森林资源与生态状况，接受社会监督。第四，强化地方政府和党政领导干部森林资源保护、生态建设等职责，加强对森林资源保护绩效的考核，提高生态指标考核约束力，探索将考核结果作为综合考核评价地方政府和有关部门主要领导政绩的重要依据，研究实施国有林场场长森林资源离任审计制度。第五，国有林场公益林日常管护要引入市场机制，通过合同、委托等方式面向社会购买服务。

附　件

附件1．省级国有林场主管部门监测指标体系

监测内容	监测指标	单位	2014年
政策法规建设	出台省级国有林场改革发展文件	件	
	出台省级综合性法规、规章或政策性文件中包含国有林场内容	件	
	省级政府或编制部门是否制定国有林场事业编制核定标准	是/否	
	试点市/县出台国有林场改革发展文件	件	
	试点市/县出台综合性法规、规章或政策性文件中包含国有林场内容	件	
	试点市/县政府或编制部门制定国有林场事业编制核定标准	件	
资金保障	省级安排并实际拨付国有林场基础设施建设专项资金	万元	
	省级安排并实际拨付国有林场改革专项资金	万元	
	省级国有林场改革工作经费	万元	
	试点市/县安排并实际拨付国有林场基础设施建设专项资金	万元	
	试点市/县安排并实际拨付国有林场改革专项资金	万元	
管理能力建设	召开省级国有林场改革会议	—	
	省部级以上领导到国有林场调研	名	
	省级国有林场管理机构级别得到提升或者职能得到加强	次	
	试点地区国有林场数量	个	
	试点地区国有林场在职职工人数	人	
	试点地区国有林场在岗职工人数（占在职职工人数的）	%	
	试点地区国有林场离退休职工人数（占总职工人数的）	%	
	试点地区纳入政府财政全额预算管理林场比例	%	

（续）

监测内容	监测指标	单位	2014年
管理能力建设	试点地区纳入政府财政差额预算管理林场比例	%	
	试点地区国有林场自收自支事业编制数	个	
	试点地区国有林场差额拨款事业编制数	个	
	试点地区国有林场全额拨款事业编制数	个	
	正科级以上国有林场比例	%	
	举办国有林场培训班	次	
	试点地区国有林场林地面积	万亩	
	试点地区国有林场森林面积	万亩	
	试点地区国有林场公益林面积	万亩	
	试点地区国有林场国家级公益林面积	万亩	
	试点地区国有林场森林蓄积量	万立方米	
宣传工作	在中央媒体报道国有林场改革事迹	次	
	调研报告、典型经验等获得省部级以上领导批示	次	

附件 2. 国有林场改革效果监测指标体系

监测内容	监测指标	单位	2014年	填写说明
管理体制	林场类型（全额/差额拨款林场、自收自支林场、企业性质林场）	—		全额拨款=4；差额拨款=3；自收自支=2；企业性质林场=1
	管理层级	—		省属=3；地市属=2；县属=1
	行政级别	—		正处=6；副处=5；正科=4；副科=3；正股=2；副股=1
	财政拨款比例	%		
	事业编制数	个		
	在职职工人数	人		
	在岗职工人数	人		
	离退休职工人数	人		
森林资源	经营面积	万亩		
	林地面积	万亩		
	公益林面积	万亩		
	国家级公益林面积	万亩		
	森林面积	万亩		
	森林蓄积量	万立方米		
	造林面积	万亩		
	森林抚育面积	万亩		
	有无发生重大火灾	—		有/无
	有无乱砍滥伐现象	—		有/无
	是否建立森林资源的档案	—		是/否
	是否建立森林资源管护责任制	—		是/否
	有无发生违法违规流转林地（包括对外作价入股、合资合作、租赁、抵押、担保和转让）	—		有/无
		万亩		如有，流转面积是多少
	有无发生林地被非法调拨（指被划归其他部门管理）	—		有/无
		万亩		如有，调拨面积是多少
	有无发生林地被非法占用现象	—		有/无
		万亩		如有，占用面积是多少
	有无发生林地被村集体、农民等非法侵占现象	—		有/无
		万亩		如有，侵占面积是多少

（续）

监测内容	监测指标		单位	2014年	填写说明
经营机制	政府购买服务情况		人天		全年雇工量
	在岗职工聘用人数		人		
	岗位设置情况	管理岗位数量	个		
		专业技术岗位数量	个		
		工勤技能岗位数量	个		
	“收支两条线”执行情况	上交金额	万元		
		返还比例	%		
	绩效管理情况（绩效工资占全部工资的比重）		%		若尚未实施绩效工资，该项为0
	人才队伍建设情况	培训人次	人		
		轮岗人次	人		
	新进人员情况	政策性安置	人		
		上级任命	人		
		公开招聘	人		
		其他	人		请注明该进人方式
民生改善	职工年平均工资		元		
	职工参加基本养老保险情况		人		
	职工参加基本医疗保险情况		人		
	基础设施建设是否纳入当地政府年度基本建设计划		—		请填“是”或“否”
	分流安置职工情况（指纳入事业编制以外的职工）	通过政府购买服务从事森林管护抚育	人		此类别安置人员
		由林场提供特色产业等工作岗位	人		此类别安置人员
		提前退休	人		此类别安置人员
		内部退养	人		此类别安置人员
		自愿解除劳动关系	人		此类别安置人员
		其他	人		此类别安置人员需要注明具体类别
解决历史遗留问题	总债务		万元		
	银行债务		万元		
	场办医院		所		
	场办学校		所		

（续）

监测内容	监测指标		单位	2014年	填写说明
支撑政策	财政投入		万元		
	基本建设投入		万元		
	社会投入		万元		
产业发展	木材采伐量	主伐	立方米		
		抚育采伐	立方米		
	产值结构	第一产业	万元		
		第二产业	万元		
		第三产业	万元		

附件 3. 国有林场职工监测指标体系

监测内容	监测指标		单位	2014年	填写说明
基本情况	隶属林场		—		
	姓名		—		
	性别		—		
	年龄		岁		
	受教育程度		年		
	家庭总人口		人		
	其中：外出务工人员		人		
	管护林地面积		亩		
就业	就业状态（在岗/待岗/离退休）		—		
	岗位类型		—		4=管理岗；3=专技岗；2=工勤岗；1=其他
收入	个人实际到手工资收入（不含社保）		元/年		
	家庭总收入		元/年		
	家庭纯收入（扣除生活支出后的纯收入）		元/年		
	个人工资外收入	农林业经营性收入	元/年		种植、养殖、渔业收入等
		其中：林业经营性收入	元/年		
		服务类经营性收入	元/年		森林旅游、农家乐等收入
		外出务工收入	元/年		
		财产性收入	元/年		利息、股息、土地征用金等
		转移性收入（其他）	元/年		抚恤金、财政补贴资金等
社会保障	参保情况	是否参加养老参保	—		1=是； 2=否
		参保类型	—		1=企业型保险；2=事业型保险；
		是否参加医疗保险	—		1=是； 2=否
		参保类型	—		1=城镇职工；2=城镇居民；3.新农合
	个人缴纳养老保险		元/年		
	个人缴纳医疗保险		元/年		
改革政策的满意度和政策需求	改革政策满意度		—		5=很满意；4=较满意3=一般；2=不太满意；1=不满意
	政策需求		—		

注：部分指标需要通过调查问卷和访谈获取。

国有林场改革

监测报告（2015）

“国有林场改革监测”项目组 ■ 编著

图书在版编目（CIP）数据

国有林场改革监测报告. 2015 / “国有林场改革监测”项目组编著. -- 北京 : 中国林业出版社, 2018.4
ISBN 978-7-5038-9569-2

Ⅰ. ①国… Ⅱ. ①国… Ⅲ. ①国营林场－经济体制改革－研究报告－中国－2015 Ⅳ. ①F326.25

中国版本图书馆CIP数据核字(2018)第101517号

出 版 中国林业出版社
（100009 北京西城区德内大街刘海胡同 7 号）
网 址 www.lycb.forestry.gov.cn
发 行 中国林业出版社
电 话 （010） 83143542
印 刷 固安县京平诚乾印刷有限公司
版 次 2018 年 4 月第 1 版
印 次 2018 年 4 月第 1 次
开 本 889mm × 1194mm 1/16
印 张 8.75
字 数 192 千字
定 价 88.00 元（全三册）

编 写 组

组　　长：陈绍志

成　　员：赵　荣　赵晓迪　宁攸凉　张　英
周海川　韩　锋　赵铁蕊　吴　潇

前　言

国有林场是新中国成立初期国家为加快森林资源培育、保护和改善生态，在重点生态脆弱地区和大面积集中连片的国有荒山荒地上，采取国家投资的方式建立起来的专门从事营造林和森林管护的林业事业单位。截至2012年底，全国国有林场总数已达4855个，分布在31个省（自治区、直辖市）（以下简称“省区”）的1600多个县（市、区、旗）（以下简称“县”），是我国生态修复和建设的重要力量，是维护国家生态安全最重要的基础设施，在经济社会发展和生态文明建设中发挥着不可替代的重要作用。

然而，自20世纪80年代国家对国有林场实行了“事业单位企业化管理”的体制，林场的投入严重不足，缺乏明确的支持政策和稳定的公共财政投资渠道。随着我国经济体制改革的深入，国有林场又进一步被边缘化，进入了不城不乡、不工不农、不事不企”的怪圈。特别是进入21世纪实施以生态建设为主的林业发展战略以来，这种管理体制越来越不适应形势的发展，国有林场既要承担生态建设的繁重任务，又要自己“找饭吃”，致使部分国有林场发展陷入困境，突出表现在基础设施落后、生存条件恶劣、林场经济无来源、债务负担沉重、职工生活困难、社会保障不健全等。

近年来，党中央国务院高度重视国有林场工作。2015年2月8日，中共中央、国务院印发了《国有林场改革方案》和《国有林区改革指导意见》（中发〔2015〕6号，以下简称“中发6号文件”），3月17日，国务院召开了全国国有林场和国有林区改革工作电视电话会议，全面启动国有林场改革，并作出全面部署。为跟踪分析改革进展，总结推广成功经验，发现解决存在问题，科学评估改革成效，自2013年起，国家林业局国有林场和林木种苗工作总站委托中国林业科学研究院林业科技信息研究所，组织开展国有林场改革监测。2013和2014年度监测报告已出版，得到了中央有关部门、地方人民政府、国有林场主管部门及干部职工的肯定，对推进国有林场改革起到了重要的指导和借鉴作用。

2015年，国有林场改革全面铺开，按照国家林业局的要求，综合考虑地域分布和改革进程等因素，国有林场改革监测范围扩大到10省（河北、浙江、安徽、江西、山东、湖南、吉林、广东、四川、福建）94个林场（详见附件1），监测评价指标体系进一步完善，利用更加科学、全面、高效的监测网络，及时跟踪改革进程和效果，了解掌握全国改革动态、方向和问题，为国有林场改革顺利推进提供支撑。

从监测结果看，2015年10省区国有林场改革工作取得显著成效：国有林场改革试点通过国家验收，其他省区全面启动改革；坚持公益性改革方向，人员编制和预算逐步得到落实；创新了用人机制，岗位设置逐步优化；职工收入提高，社保覆盖面扩大、保障标准进一步提高；林场办社会职能基本剥离；林地资源得到保护，木材采伐减少，第三产业增长较快。但也存在如下问题：改革推进不均衡，部分省区进度较慢；省级配套资金落实困难，市县财政筹措难度大；岗位设置仍需调整，空编、超编现象共存，在岗职工培训力度有待加强；对人才的吸引力不强，新进人员规模很小等。

值此书稿付梓之际，谨向指导、协调和帮助我们完成监测工作的国家林业局国有林场和林木种苗工作总站、监测省区国有林场主管部门、调研市县的分管领导以及国有林场的负责同志和广大职工表示衷心的感谢！

著　者

2016年6月于北京

目　录

附件

一、国有林场改革监测方案设计

（一）监测内容

监测对象为省级国有林场主管部门、国有林场（包括森林生态功能等级监测）以及林场职工。

省级国有林场主管部门重点监测管理、组织、协调等工作成效，主要包括政策法规、资金保障、管理能力等 3 个方面的 34 个指标。

国有林场重点监测改革进程，主要包括管理体制、经营机制、民生改善等 7 个方面的 67 个指标。

林场职工重点监测其对各项改革政策的满意度和需求，主要包括职工就业、收入和社会保障等 5 个方面的 27 个指标。

（二）样本选取

10 个监测省按照全省国有林场总数的 5% 选取不同性质、不同管理层级的林场作为监测样本；每个样本林场按照职工总数的 5% 选取样本职工，每个林场不低于 10 人。按照上述原则，本次选取样本林场 94 个，样本职工 1289 名。

1．样本林场基本情况

本次监测的 94 个样本林场分布在 10 个省区（表 1），其中，甘肃省 15 个，占

表 1　样本林场分布

省份	所属地区	样本数	比例(%)
河北	华北	7	7.45
吉林	东北	8	8.51
浙江	华东	6	6.38
福建	华东	7	7.45
江西	华东	11	11.70
山东	华东	10	10.64
湖南	华中	10	10.64
广东	华南	11	11.70
四川	西南	9	9.57
甘肃	西北	15	15.96
合计		94	100.00

15.96%，浙江省 6 个，占 6.38%。涵盖公益一类、公益二类、企业性质（含自收自支事业单位）三种林场类型，省属、地市属与县属 3 种管理层级，正处、副处、正科、副科、正股与副股六种行政级别（表 2）。

表 2 样本林场特征

监测指标	分类特征								
林场性质			公益一类	公益二类	企业性质	合计			
	2014	样本数	30	37	24	91			
		比例	32.97	40.66	26.37	100.00			
	2015	样本数	35	34	22	91			
		比例	38.46	37.36	24.18	100.00			
管理层级			省属	地市属	县属	合计			
	2014	样本数	15	26	53	94			
		比例	15.96	27.66	56.38	100.00			
	2015	样本数	15	26	53	94			
		比例	15.96	27.66	56.38	100.00			
林场级别			正处	副处	正科	副科	正股	副股（及以下）	合计
	2014	样本数	12	8	36	19	12	3	90
		比例	13.33	8.89	40.00	21.11	13.33	3.33	100.00
	2015	样本数	12	8	36	19	12	3	90
		比例	13.33	8.89	40.00	21.11	13.33	3.33	100.00
经营面积		样本数	平均值	最小值	最大值				
	2014	92	23.74	262.69	0.23				
	2015	92	23.86	262.69	0.23				
在岗职工人数		样本数	平均值	最小值	最大值				
	2014	92	113	808	2				
	2015	92	110	816	2				

备注：（1）表格数据来自监测数据整理；（2）由于部分指标数据缺失，导致其样本数少于94；（3）本表将自收自支林场归为企业性质，将无行政级别林场与副股归为一类；（4）下同。

从林场类型看，公益一类占比最高（38.46%），其次是公益二类（37.36%），企业性质单位占比最低（24.18%）。从管理层级看，县属林场占比最高（56.38%），其次是地市属（27.66%），省属林场占比最低（15.96%）。从林场级别看，正处、副处级别分别占 13.33%、8.89%，正科、副科级别分别占 40%、21.11%，正股、副股级别分别占 13.33%、3.33%。从林场经营面积看，平均规模为 23.86 万亩，最大为 262.69 万亩（甘肃省张掖市寺大隆林场），最小为0.23万亩（广东省肇庆市怀集县金鸡林场）。从在岗职工人数看，样本林场平均为110人，最大为816人（吉林省辉南森林经营局），最小为2人（广东省肇庆市怀集县金鸡林场）。

2. 样本职工基本情况

本次监测样本职工1289名，其中江西省245人，占19.01%，浙江省67人，占5.20%。从人员结构看，男性1003人，女性286人，平均年龄45岁，平均受教育年限12年，平均家庭成员3～4人，有外出打工家庭成员的比例约为17.84%。有623个职工从事森林管护，占总样本的48.33%；平均管护面积2526.47亩(表3、表4)。

表3　样本职工分布

省份	林场样本数	职工样本数	有效样本数	占总样本比例（%）	占总有效样本比例
河北	7	74	74	5.74	5.74
吉林	8	127	127	9.85	9.85
浙江	6	67	67	5.20	5.20
福建	7	72	72	5.59	5.59
江西	11	245	245	19.01	19.01
山东	10	151	151	11.71	11.71
湖南	10	98	98	7.60	7.60
广东	11	96	96	7.45	7.45
四川	9	198	198	15.36	15.36
甘肃	15	161	161	12.49	12.49
总计	94	1289	1289	100	100

表4　样本职工基本情况

省份	年龄	受教育程度（年）	家庭规模（人）	男职工占比	外出打工家庭样本占比（%）	管护林地面积（亩）
河北	42	11	4	82.43	12.16	3137.80
吉林	45	11	3	73.02	2.36	1802.10
浙江	46	13	3	83.58	22.39	3519.10
福建	46	13	4	79.45	22.22	1996.05
江西	48	12	3	74.29	16.73	2846.48
山东	40	12	3	92.72	7.28	1194.38
湖南	47	11	4	70.41	58.16	1943.13
广东	47	13	4	79.17	29.17	874.84
四川	45	12	3	69.70	7.58	844.96
甘肃	43	12	4	81.37	21.74	7427.89

（三）监测方法

本次监测采取问卷（附件 2、3、4）调研、专题访谈和现场核查相结合的方法。对于国有林场改革进程、影响、趋势、政策需求等方面的信息，主要采取在样本林场问卷调研的方法来完成。对于体制改革、机制创新、基础设施建设情况和改革进程中存在的焦点、热点、难点问题以及改革的成功经验和典型案例等，主要通过专题调研来完成。对于改革效果，主要通过现场核查来完成。

二、国有林场改革监测结果

（一）改革总体进展

从监测结果看，2015 年 10 省区国有林场改革工作取得显著成效。一是浙江、江西等国有林场改革试点通过国家验收，其他省区全面启动改革；二是落实了改革主体责任，制订了省级改革实施方案；三是坚持公益性改革方向，人员编制和预算逐步得到落实；四是创新了用人机制，岗位设置逐步优化，结构更为合理，多种方式安置富裕人员；五是职工收入提高，社保覆盖面扩大、保障标准进一步提高；六是林场办社会职能基本剥离；七是林地资源得到保护，木材采伐减少，第三产业增长较快。

但也存在如下问题：改革推进不均衡，部分省区进度较慢；省级配套资金落实困难，市县财政筹措难度大，甚至有部分林场验收后财政资金还未完全到位；岗位设置与人社部要求还有很大差距，专业技术岗位占比偏低，工勤技能岗位占比偏高；空编、超编现象共存，在岗职工培训力度有待加强；对人才的吸引力不强，新进人员规模很小；职工收入水平依然不高等。

（二）主体责任落实情况

2015 年，10 个省区在政策法规建设、渠道资金保障、管理能力提升、宣传工作组织等取得了明显成效。其中，6 个试点省在 2015 年下半年顺利通过改革验收，4 个未纳入试点的省份也探索出各具特色的林场改革之路。

1．注重顶层设计和政策引领，成效突出

中发 6 号文件印发后，10 个省区共计出台省级国有林场改革发展文件 19 份，较上年度增幅达 90%（图 1 左）；出台关于国有林场改革的省级综合规章和文件共计 12 份，较上年度增加 20%（图 1 右）。

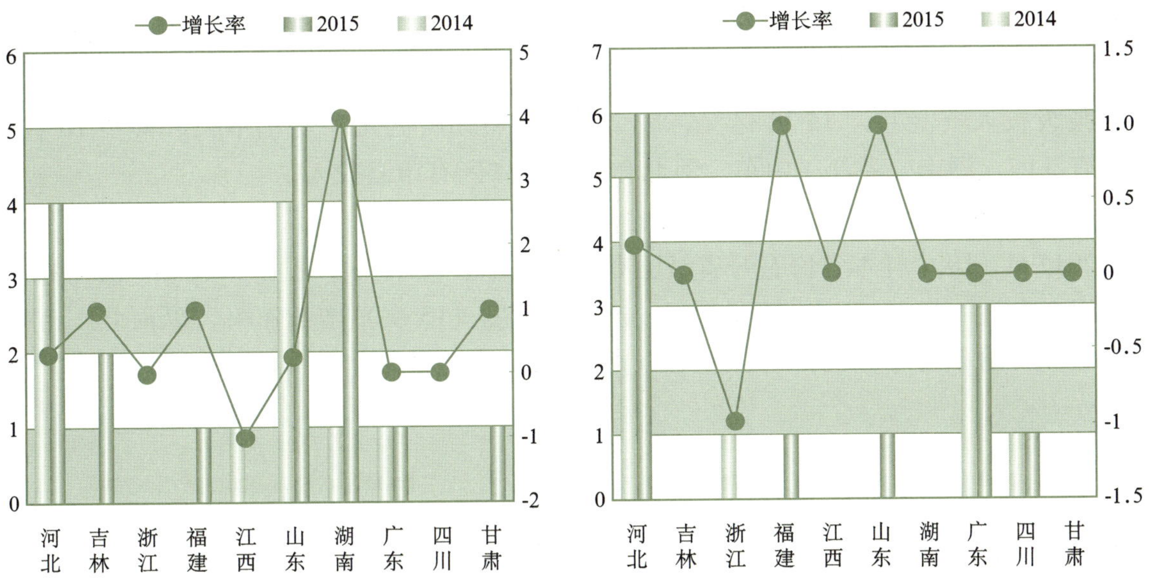

图 1　2014 ～ 2015 年出台省级国有林场改革发展文件和综合规章情况

2．资金渠道稳定，省域差异明显

2015 年，10 省区国有林场改革中央财政投入资金 37.32 亿元，较 2014 年增长了 17.34%（表 5）。其中，四川省由于改革启动迟缓，尚未得到中央财政资金投入。

省级投入资金共计 11.6 亿元，较上年度增长 4.6 亿元，增幅达 65% 以上。其中广东、福建、吉林省级投入加大，广东省安排国有林场改革专项资金达 4.1 亿元，省级

表 5　2014 ～ 2015 年各级财政投入林场改革资金情况（万元，%）

省份	中央财政投入资金			省级配套资金			市县投入改革资金		
	2014	2015	增长率	2014	2015	增长率	2014	2015	增长率
河北	3317	5216	57.25	800	5000	525	2517	0	-100
吉林	0	55000	—	0	10050	—	0	0	—
浙江	20703	5817	-71.90	4869	9397	92.99	16000	18368	14.80
福建	0	25525	—	0	11500	—	0	0	—
江西	225099	14312	-93.64	58440	6650	-88.62	100000	55700	-44.30
山东	17167	0	-100	1010	6220	515.84	7000	8600	22.86
湖南	51800	170100	228.38	3470	13470	288.18	30000	70000	133.33
广东	0	37257	—	0	52014	—	0	0	—
四川	0	0	—	720	720	0	560	560	0
甘肃	0	60000	—	1000	1000	0	0	0	—
合计	318086	373227	17.34	70309	116021	65.02	156077	153228	-1.83

国有林场改革工作经费达 1.1 亿元；福建、吉林省级国有林场改革专项资金也均达到 1 亿元以上。

县级投入资金共计 15.32 亿元，较 2014 年（15.61 亿元）变化不大。其中 10 省区中只有江西、湖南、浙江、山东、河北和四川 6 省区有市县投入。

3．强化责任落实，工作力度加大

2015 年，10 个样本省份召开省级国有林场改革会议 42 次，是上年度（12 次）的 3.5 倍（图 2 左）；举办林场培训班 21 次，较上一年度（15 次）增长 40%，以河北、吉林、浙江居多（图 2 右）。

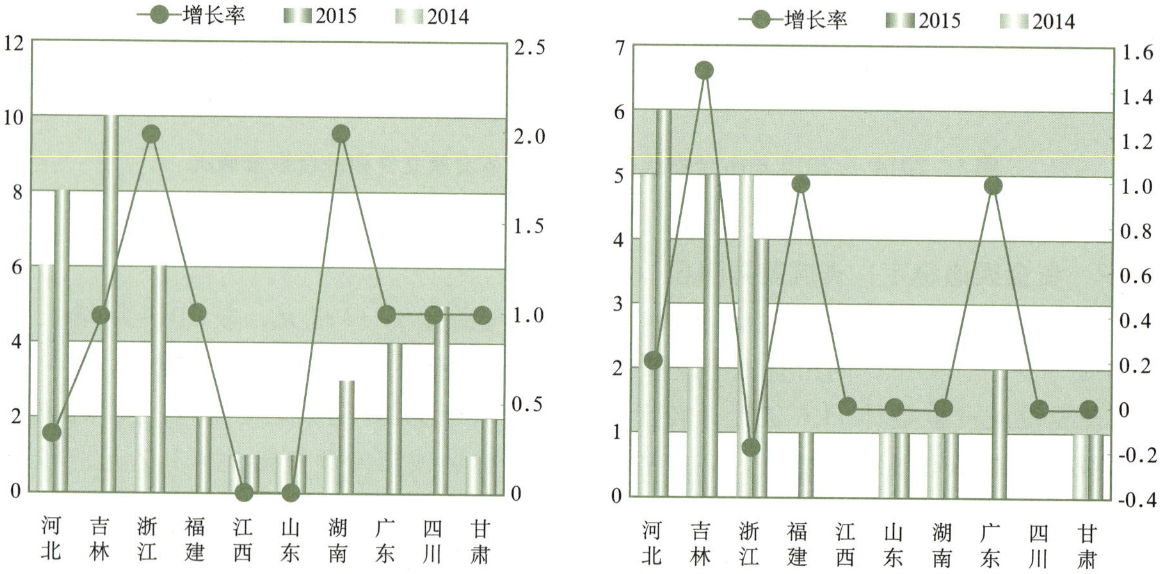

图 2 2014 ～ 2015 年召开省级国有林场改革会议、举办林场培训班数量

改革在一定程度上推动了省级林场管理机构的级别和职能变化，如浙江新设国有林场和森林公园保护总站；吉林省在原林业工作总站基础上加挂了国有林场管理总站的牌子，配编 21 名；河北省将首批改革试点单位由正科级升为副处级，下设林场均为副科级，试点单位由原来的县管改为市县共管，以市管为主。

4．注重调查研究和宣传发动，效果显著

2015 年度，省部级以上领导赴 10 个监测省国有林场调研共计 24 人次，较上一年度(15 次）增长 60%；在省级以上主流媒体报道国有林场改革达 82 次，较上一年度（40 次）增长 105%；调研报告、典型经验等获得省部级以上领导批示次数为 25 次，较上一年度（19 次）增长 32%（图 3）。

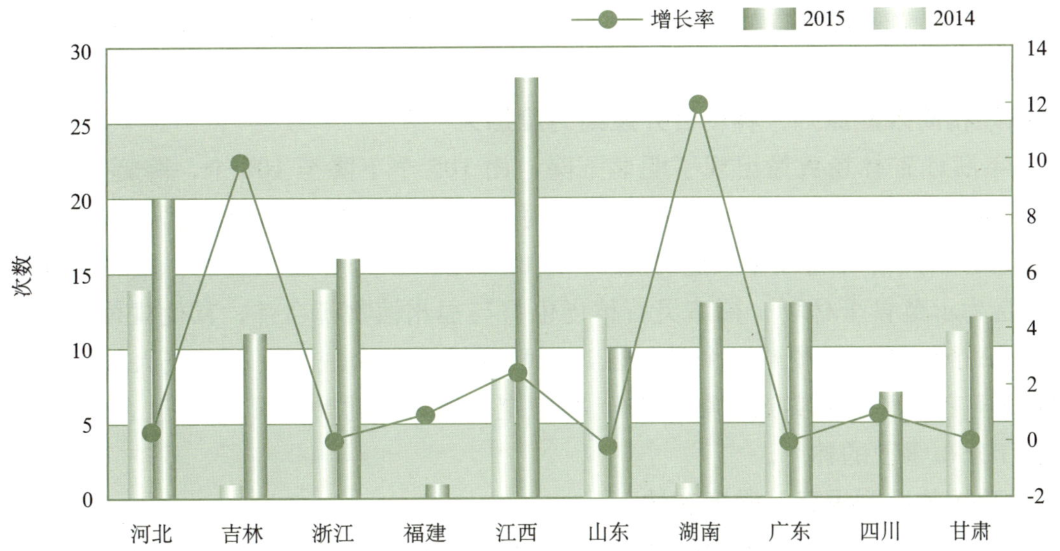

图 3　2014 ～ 2015 年国有林场改革宣传工作情况

（三）管理体制改革情况

1. 坚持公益性改革方向，体现了中央对林场的功能定位

2015 年公益一类林场同比提高了 6%，公益二类林场与企业性质林场同比分别下降了 2% 与 4%（图 4，内环是 2014 年，外环是 2015 年）。河北、浙江、福建、江西、山东、湖南、四川与甘肃已经将大多数国有林场界定为生态公益型林场，林场主要功能明确定位于保护培育森林资源、维护国土生态安全和提供生态公益服务。吉林、广

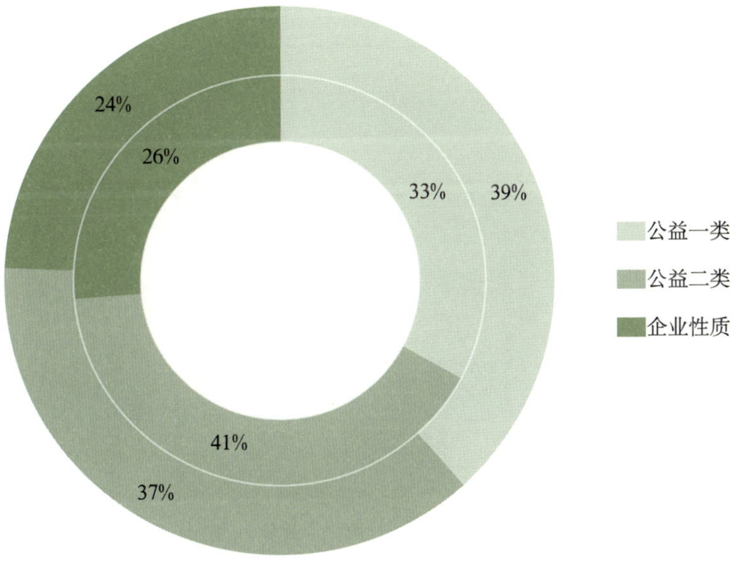

图 4　样本林场中各类性质林场占比情况

东省提出，企业性质的国有林场，原则上保持企业性质不变，通过政府购买服务实现公益林管护。

2．按照精简效能原则，林场合并重组力度加大

2015 年浙江省林场数量出现了明显下降，由 105 个下降至 100 个，降幅为-4.76%。福建省已经将漳州市诏安湖内与诏安岭下溪两个林场合并成漳州市诏安国有防护林场，按照《福建省属国有林场改革实施方案》，洋口林场、来舟林业试验场、南平市郊教学林场将整合为示范骨干林场，福清灵石林场也将与福州植物园合并，其他规模过小、分布零散的 62 个林场，将按照一个县（区）行政区域内整合成 1 ～ 2 个较大林场。四川省在《四川国有林场改革实施方案》提出，在稳定隶属关系的前提下，适当整合数量过多、面积过小和分布零散的林场。

3．财政拨款比例提高，进度加快

2015 年，10 省样本林场的财政拨款比例由 2014 年的 54.94% 提高到 60.31%；财政拨款进度维持在 92% 左右。财政拨款比例较高省份是甘肃（90%）、山东（80.5%）、浙江（71%）与湖南（70.56%）（图 5）。除湖南、广东两省外，其他 8 省均实现了财政拨款 100% 到账；10 省财政拨款进度在 2014 ～ 2015 年期间没有发生变化（图 6）。

4．缩编和人员精简同步推进，但离退休人数有所增加

2015 年样本林场事业编制数均值由上年的 123 个减少至 114 个，降幅为 7.58%；在职职工人数均值由 138 个减少至 134 个，降幅为 3.31%；样本林场离退休职工人数均值由 122 个增加至 127 个，增幅为 3.94%（表 6）。

2015 年，事业编制数出现下降的省份是江西（-71.3%）、河北（-13.44%）、浙江（-8.30%）、山东（-3.08%）与甘肃（-0.52%），编制数下降主要原因是转岗安置、提

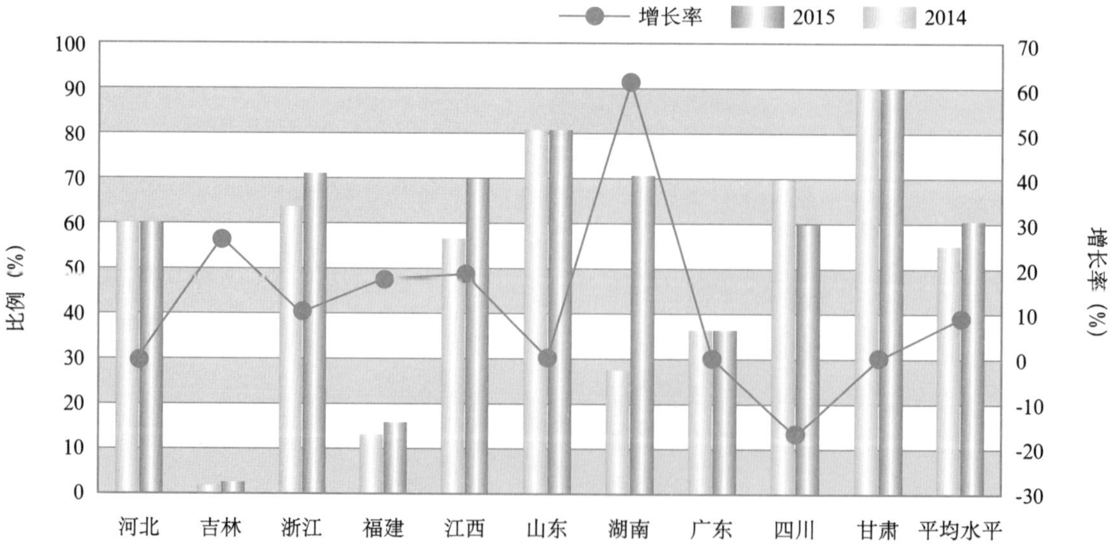

图 5　样本林场财政拨款比例

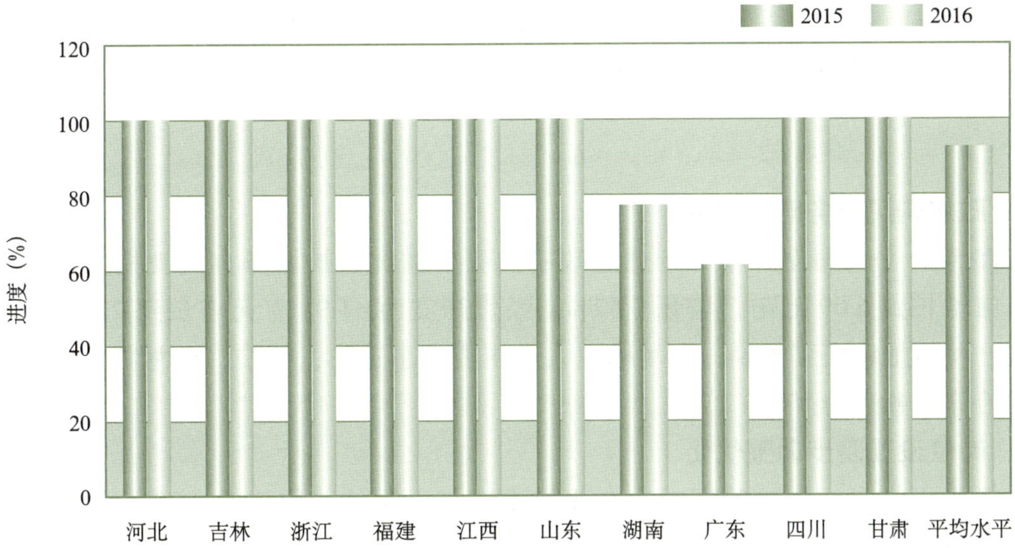

图 6　样本林场财政拨款进度

表 6　各省样本林场事业编制数与各类职工人数均值（人）

省份	事业编制数			在职职工人数			在岗职工人数			离退休职工人数		
	2014	2015	增长率（%）	2014	2015	增长率（%）	2014	2015	增长率（%）	2014	2015	增长率（%）
河北	96	85	-13.44	69	59	-16.43	69	58	-18.23	40	43	5.37
吉林	62	62	0.00	244	241	-1.30	187	184	-1.43	148	153	3.35
浙江	44	40	-8.30	121	117	-3.56	119	115	-3.92	227	231	1.59
福建	99	100	1.00	72	73	1.18	70	72	3.16	82	87	6.14
江西	184	107	-71.30	249	239	-4.34	156	145	-7.40	248	266	6.66
山东	147	143	-3.08	126	119	-5.53	125	119	-5.56	94	98	3.79
湖南	113	118	4.14	127	121	-4.87	69	73	5.23	91	94	2.89
广东	137	137	0.00	69	68	-2.14	71	69	-2.36	106	107	0.59
四川	168	171	1.56	138	135	-2.22	104	104	-0.21	133	145	8.12
甘肃	114	113	-0.52	138	136	-1.13	137	135	-1.23	75	74	-1.46
均值	123	114	-7.58	138	134	-3.31	113	110	-2.88	122	127	3.94

前退休与正常退休；事业编制数保持不变的省份是吉林与广东。事业编制数反而上升的省份是湖南（4.14%）、四川（1.56%）与福建（1%），主要原因一些林场抓住林场性质调整有利时机，将自收自支编制人员与长期在林场工作的编外人员纳入事业编制。在职职工人数增加的省份只有福建（1.18%），减少的省份有 9 个，其中河北减幅最为明显(-16.43%)。离退休职工人数增加较快的省份依次是四川(8.12%)、江西(6.66%)、

福建（6.14%）、河北（5.37%），它们的增长率均高于 10 省平均水平（3.94%）；排在最末的是甘肃，其增长率为负值（-1.49%）。

（四）经营机制创新情况

1．政府购买服务明显增多

2015 年，平均每个样本林场通过政府购买公益林管护服务方式委托的管护任务由 5.63 万亩增长到 6.09 万亩，增幅 7.57%；经费开支由 41.91 万元增长到 72.85 万，增长 42.47%。从实地调研了解到，林场聘用人员主要从事造林、管护、森林防火、抚育、病虫害防治等业务活动。

2．岗位设置逐步调整优化

林场将工作岗位划为管理岗、专业技术岗与工勤技能岗 3 类。2015 年，平均每个样本林场管理岗 20 个，占比 16.55%，比 2014 年上升了 0.7 百分点；专业技术岗位 33 个，占比 26.95%，比 2014 年上升了 1.77 个百分点；工勤技能岗位 69 个，占比 56.50，比 2014 年下降了 2.47 个百分点（表 7）。10 省林场普遍存在专业技术岗位占比偏低与工

表 7　各省样本林场岗位设置情况

省份	岗位类别	2014		2015	
		人数	占比（%）	人数	占比（%）
河北	管理	16	15.58	15	16.49
	专技	13	12.50	20	21.26
	工勤	75	71.92	57	62.26
吉林	管理	24	21.24	24	21.01
	专技	23	19.87	23	20.76
	工勤	67	58.89	65	58.23
浙江	管理	36	27.01	37	27.72
	专技	48	35.44	49	36.45
	工勤	51	37.55	48	35.83
福建	管理	6	6.81	6	7.21
	专技	29	32.58	29	32.85
	工勤	53	60.62	53	59.94
江西	管理	21	11.02	24	14.15
	专技	52	26.93	52	31.13
	工勤	121	62.05	91	54.73

（续）

省份	岗位类别	2014		2015	
		人数	占比（%）	人数	占比（%）
山东	管理	34	21.46	34	21.60
	专技	42	26.49	42	26.66
	工勤	82	52.05	81	51.75
湖南	管理	16	14.88	14	13.72
	专技	20	18.81	23	22.79
	工勤	69	66.31	64	63.50
广东	管理	19	32.40	19	31.90
	专技	17	28.75	17	28.30
	工勤	22	38.85	23	39.79
四川	管理	12	8.68	12	8.65
	专技	44	30.47	45	31.64
	工勤	87	60.85	85	59.70
甘肃	管理	19	13.33	19	13.74
	专技	29	20.49	29	20.67
	工勤	94	66.18	92	65.59
均值	管理	20	15.85	20	16.55
	专技	32	25.18	33	26.95
	工勤	75	58.97	69	56.50

勤技能岗位占比偏高问题，与《关于国有林场岗位设置管理的指导意见》（人社部发〔2015〕54号）的要求差距较大。

3．在岗职工培训势头得以延续

2015年，样本林场平均培训121人次，同比小幅下降2.97%。分省看，2015年培训次数最多的省份是福建（277人次），最少的省份是河北（10人次）。与上一年相比，培训次数增加的省份是河北、山东、浙江、江西与福建，下降的省份是吉林、甘肃、广东、四川、湖南（图7）。

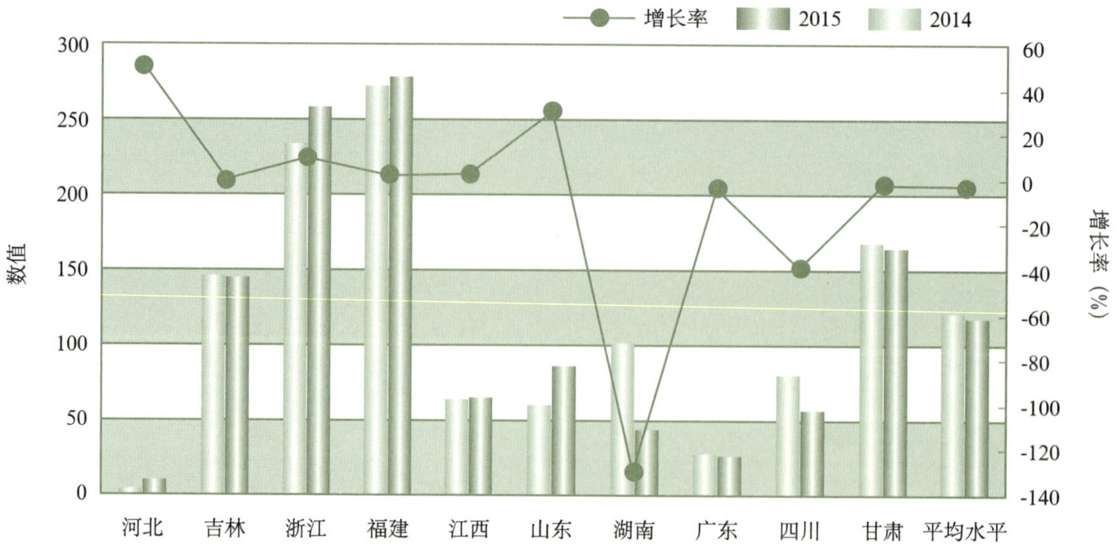

图 7　样本林场培训人次均值

4．公开招聘人数占比有所提高

2015 年，样本林场平均新进人员由 2014 年的 2.15 人下降至 1.92 人，降幅为 -12.14%（图 8）。主要进人方式有公开招聘、政策性安置和上级任命 3 种。

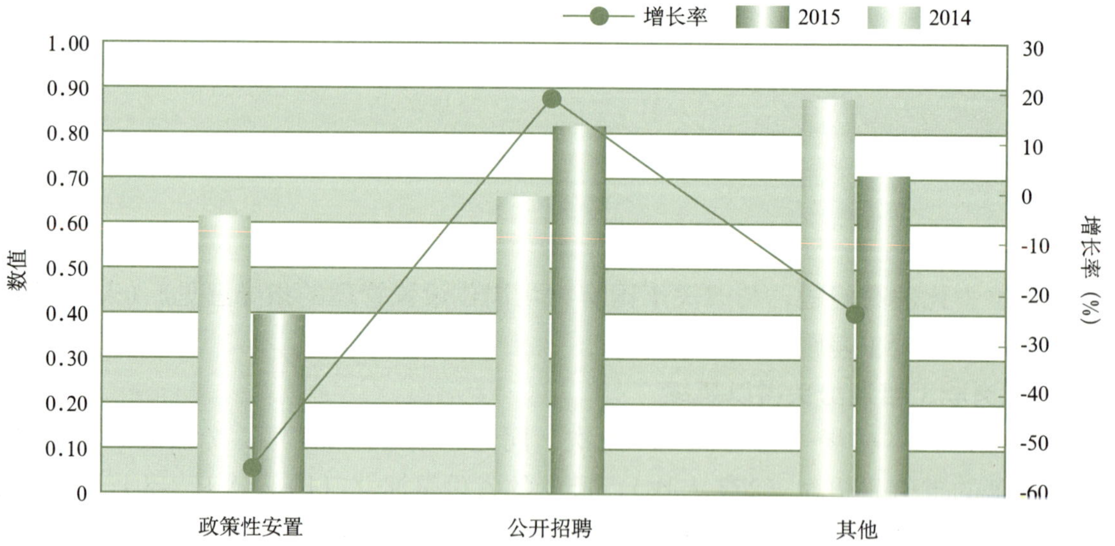

图 8　样本林场新进人员情况

（五）民生改善情况

1．职工收入有较快增长，但整体水平依然较低

（1）工资收入。2015 年，样本职工平均工资收入为 42144.41 元，较 2014 年（335752.86

元）增长了 17.88%，增幅高于全国城镇单位就业人员（10.06%），但明显低于同期全国城镇单位就业人员年均工资水平（62029 元和 56360 元）（表 8）。

10 省样本职工工资水平较 2014 年均有所提高，湖南省样本职工平均工资增长幅度最高，达 30.32%，浙江省样本职工工资增幅最低，仅有 9.77%（图 9），但其工资水平已经高于全省城镇单位就业人员。

表 8　样本职工收入变化情况（元，%）

省份	工资收入			工资外收入		
	2014	2015	增长率	2014	2015	增长率
河北	28426.18	33253.61	16.98			
吉林	19130.99	23130.61	20.91	1541.538	1673.846	8.58
浙江	69026.66	75769.19	9.77			
福建	42961.84	49366.96	14.91	5550	4913.043	-11.48
江西	28620.08	32231.52	12.62			
山东	42477.25	52858.23	24.44			
湖南	22995.07	29966.47	30.32	13997.91	12012	-14.19
广东	51186.32	60866.24	18.91	1692	1862.133	10.06
四川	35742.48	44185.57	23.62	2961.538	3454.615	16.65
甘肃	36835.6	41294.2	12.10	3587.797	2987.627	-16.73
总计	35752.86	42144.41	17.88	2992.219	2986.066	-0.21

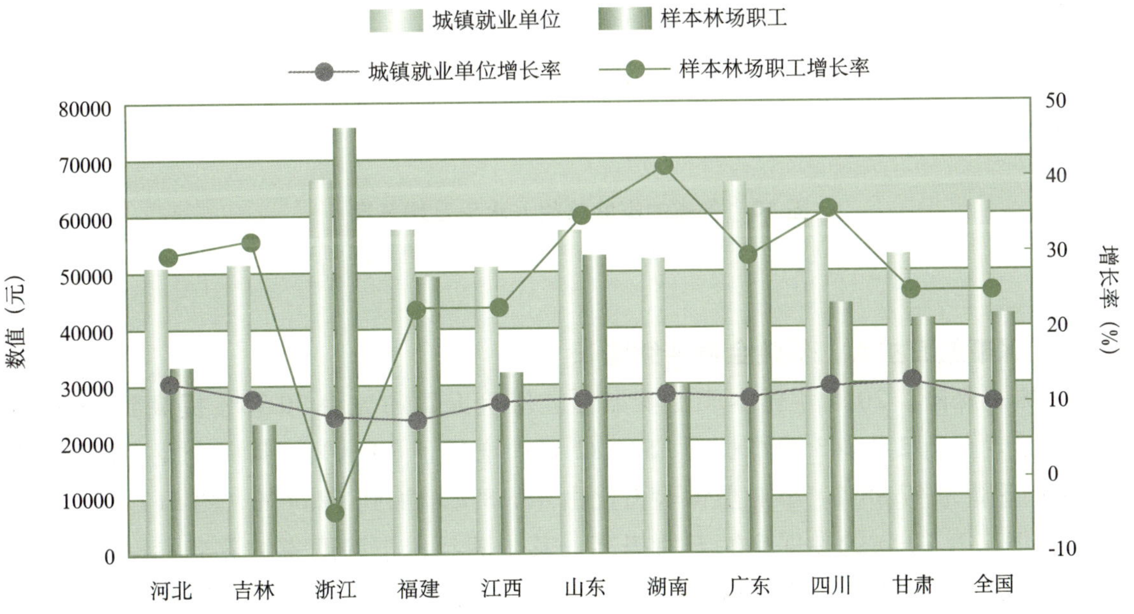

图 9　2015 年各省林场职工与城镇就业单位平均工资水平比较

（2）**工资外收入**。2015 年样本职工平均工资外收入为 2986.07 元，较 2014 年的 2992.219 元降低了 0.21%。工资外收入主要来源于外出务工收入和服务类经营收入，其中服务类经营收入主要是开展森林旅游、餐饮等，如四川省南江县大坝林场有样本职工的服务类经营收入达 18 万元。

分省来看，河北、浙江、江西和山东 4 个省的样本职工没有工资外收入，福建、湖南和甘肃 3 省样本职工的工资外收入均有不同程度的降低，分别为 11.48%、14.19% 和 16.73%，吉林、广东和四川 3 省的样本职工工资外收入有所增长，分别为 8.58%、10.06% 和 16.65%。

（3）**家庭总收入**。2015 年样本职工平均家庭总收入为 74201.19 元，比 2014 年的 61377.63 元增长了 20.89%。福建省样本职工家庭收入涨幅最高，是上年的 2 倍多，其次为浙江省（19.13%）、吉林（18.32%），四川省家庭总收入增长幅度最小，仅有 2.23%（图 10）。

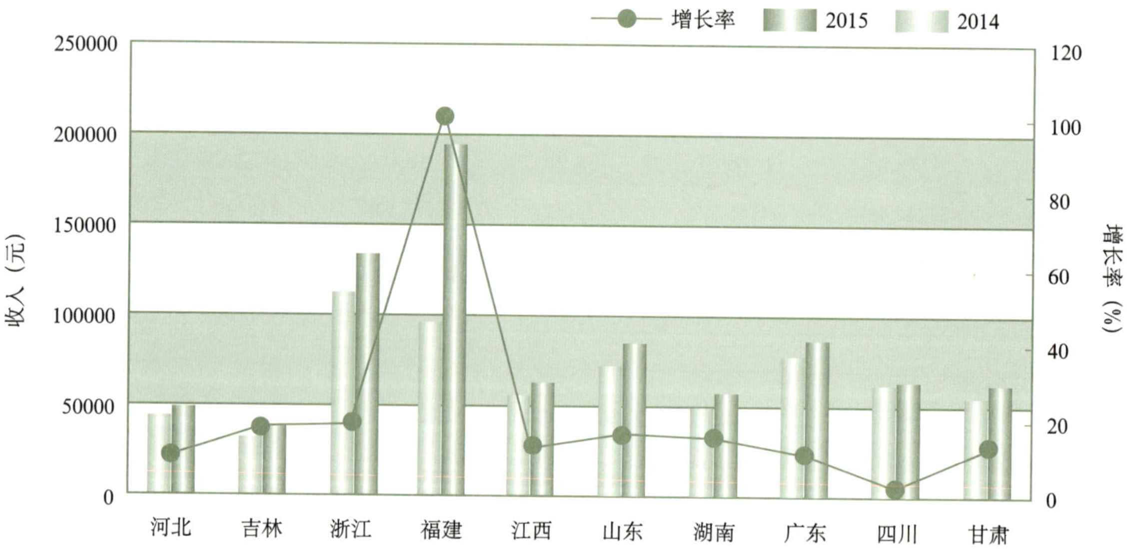

图 10　各省的家庭总收入水平及增长率

2. 社保覆盖面扩大，保险金额持续增长

（1）**养老保险**。2015 年样本职工参加养老保险人数占比由 90.38% 提高到 93.95%，人均缴纳养老金由 2714.43 元增长到 3536.82 元，增长了 30.30%，其中企业型保险占比由 49.85% 下降为 47.85%，事业型保险占比由 48.18% 增加到 52.06%（图 11）。

2015 年监测 10 省的参保率均有所提高，其中浙江、福建两省的养老参保率均达到了 100%。山东、河北、浙江、福建、湖南和甘肃 6 省样本职工养老保险的主要类型为事业型，其中河北和山东 2 省样本职工的养老保险全部为事业型。吉林、江西、广东和四川 4 省样本职工养老保险以企业型为主，其中吉林省样本职工的养老保险全部为企业型。养老保险缴纳金额福建省最高，达到 4723.93 元 / 年；山东省养老金增长了近 2 倍为最快，江西省增长最慢仅为 3.96%（表 9）。

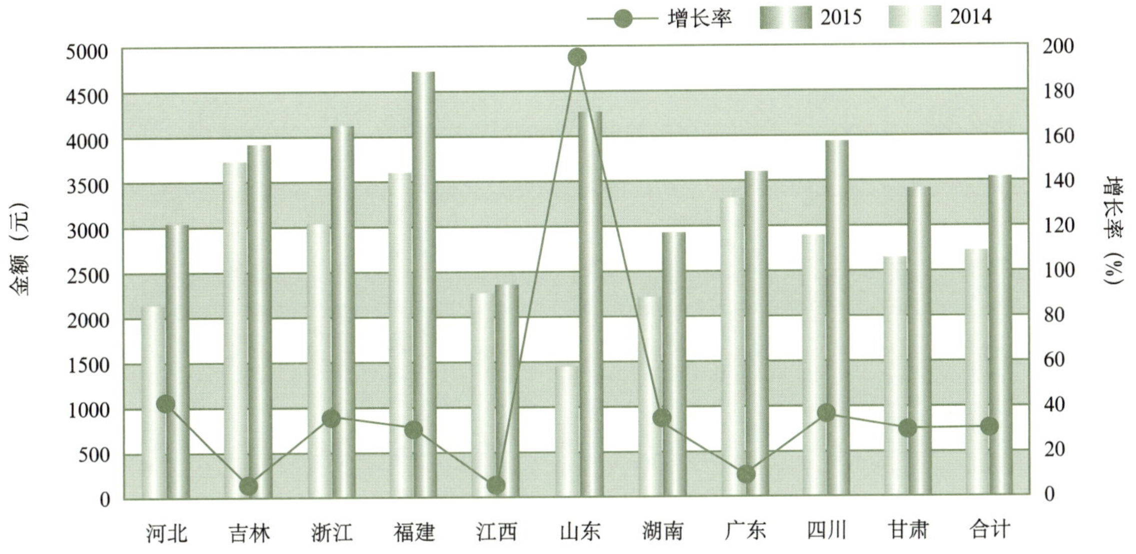

图 11　各省养老保险缴纳金额及增长率

表 9　各省养老保险参保率与保险类型（%）

省份	参保率		企业型		事业型	
	2014	2015	2014	2015	2014	2015
河北	83.78	83.78	0.00	0.00	100.00	100.00
吉林	79.53	79.53	100.00	100.00	0.00	0.00
浙江	100.00	100.00	17.91	17.91	82.09	82.09
福建	95.83	100.00	1.43	2.78	94.44	97.22
江西	97.55	97.14	90.42	89.96	9.21	9.62
山东	92.72	93.38	0.00	0.00	99.29	100.00
湖南	97.96	97.96	46.88	46.88	53.13	53.13
广东	93.75	93.75	51.11	51.11	48.89	48.89
四川	79.29	98.99	69.43	55.61	24.49	44.39
甘肃	89.44	91.93	34.72	33.78	63.51	66.22
总计	90.38	93.95	49.79	47.85	48.18	52.06

（2）**医疗保险**。2015 年样本职工参加医疗保险人数占比由 93.72% 提高到 97.13%，人均缴纳医疗保险金由 747.83 元增长到 887.49 元，增长了 18.68%，其中城镇职工保险占比由 96.36% 略微降低到 96.33%，2015 年城镇居民保险和新农合保险占比与上年持平，分别为 1.09% 和 2.02%（图 12）。

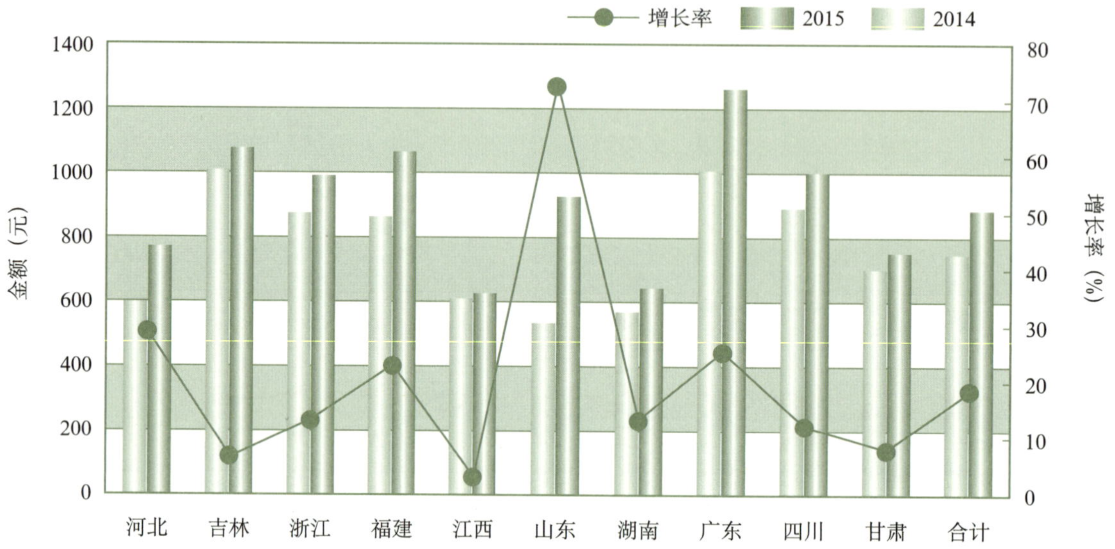

图 12　各省医疗保险缴纳金额及增长率

2015 年监测 10 省的参保率均有所提高，其中浙江、福建、山东和甘肃 4 省的医疗保险均达到了 100%，其次为四川（99.49%）、湖南（97.96%）、河北（97.30%）、广东（94.79%）、江西（94.29%）、吉林（89.76%）。除吉林和江西两省外，其余 8 省的医疗保险全部为城镇职工医疗保险。医疗保险金缴纳广东最高（1263.25 元 / 年），江西最低（628.69 元 / 年）；医疗保险金缴纳增长率山东省高达 72.50% 为最快，江西省最慢，仅有 3.17%（表 10）。

表 10　各省医疗保险参保率与保险类型（%）

省份	参保率		城镇职工		城镇居民		新农合	
	2014	2015	2014	2015	2014	2015	2014	2015
河北	97.30	97.30	86.11	100.00	8.11	8.11	5.41	5.41
吉林	89.76	89.76	80.70	86.84	1.57	1.57	15.75	15.75
浙江	100.00	100.00	100.00	100.00	0.00	0.00	0.00	0.00
福建	97.22	100.00	94.29	100.00	4.17	6.94	0.00	0.00
江西	94.29	94.29	98.70	96.10	0.00	0.00	0.00	0.00

（续）

省份	参保率		城镇职工		城镇居民		新农合	
	2014	2015	2014	2015	2014	2015	2014	2015
山东	99.34	100.00	100.00	100.00	0.00	0.00	0.00	0.00
湖南	97.96	97.96	100.00	100.00	0.00	0.00	0.00	0.00
广东	93.75	94.79	100.00	100.00	0.00	0.00	0.00	0.00
四川	79.80	99.49	100.00	100.00	0.51	0.51	0.00	0.00
甘肃	99.38	100.00	99.38	100.00	1.24	1.24	1.24	1.24
总计	93.72	97.13	96.36	96.33	1.09	1.09	2.02	2.02

3. 富余人员得到安置，途径方式多样化

根据监测数据，政府购买服务成为安置富余职工最主要的方式，而林场提供特色产业岗位安置富余职工成效明显，成为仅次于政府购买服务方式的第二途径。2015 年通过上述两条途径分别安排富余职工 807 人和 188 人，同比分别增长了 17.13% 和 291.67%。2015 年通过内部退养、提前退休以及自愿解除合同等方式安置富余职工 400 人，较 2014 年有所减少，减幅为 8.26%。部分林场通过有针对性的职业技能培训引导部分职工转岗就业，共计 14 人。

4. 林场基础设施建设改善，但仍存在安全生产隐患

2014 ~ 2015 年，有基本建设投入的样本林场数量从 48 个增加到 54 个，但样本林场基本建设投入平均值略有下降，由 287.66 万元降低到 267.66 万元。山东、江西等省已在 2014 年就将国有林场基础设施建设纳入了地方经济社会建设计划。山东、河北、江西等省实施棚户区和危旧房改造工程，职工住房条件大幅改善，但是很多林场工区管护用房老旧的问题仍未解决，存在着极大的安全生产隐患。

5. 职工满意度略有下降，对改革政策需求强烈

2015 年，样本职工对改革的满意度为 93.06%，比 2014 年的 94.14% 略有下降。其中，吉林、甘肃和浙江 3 省职工满意度保持不变，四川、福建、山东和广东 4 省职工满意度有所提升，湖南、江西和河北 3 省职工满意度略有下降。吉林省职工满意度最高，达到 100%；甘肃、四川、福建、湖南、山东和江西 6 省的满意度也都达到了 90% 以上；浙江、河北和广东 3 省样本职工对改革的满意度都低于 90%（表 11）。

2015 年样本职工对改革的政策需求主要集中在提高工资、定编定岗以及加大林场基础设施建设等方面，此外对于提前退休、加强职工技能培训也有较强烈的需求。改革起步较早的省份，如江西和湖南两省样本职工对于加强政策的执行力度，尽快落实改革政策有较强烈的需求。

表 11　样本职工对改革的满意度（%）

省份	2014	2015
河北	100	81.82
吉林	100	100
浙江	89.55	89.55
福建	98.59	98.63
江西	92.89	92.05
山东	94.38	94.44
湖南	95.77	94.85
广东	80	80.23
四川	96.43	98.81
甘肃	99.29	99.29
合计	94.14	93.06

（六）解决历史遗留问题

国有林场历史遗留问题主要集中在债务和办社会职能两个方面。债务来源按照债务形式分为金融类债务和非金融类债务；债务用途包括森林经营、森林管护、发展产业、解决职工工资和社会保障以及其他等几个方面。随着改革的推进，国有林场逐步剥离了社会职能。

1．林场债务总量有所减少，但仍较普遍

2015 年监测的 94 个样本林场中，有 51 个国有林场存在不同程度的债务问题，占林场总数的 54%。样本林场债务整体呈现下降趋势，但部分类型债务出现反弹。2014 年债务均值为 1246.96 万元，2015 年债务均值为 1070.08 万元，降幅为 14.2%。金融类债务下降 5.1%，非金融类债务增长 33.8%；森林经营债务下降 17.2%，发展产业债务下降 5.4%，森林管护债务增长 3.9%，解决职工工资及社会保障的债务增长 26.3%（图 13）。

2014 年和 2015 年金融性债务分别是非金融性债务的 9 倍和 6 倍。两年间解决职工工资和社会保障的债务始终占比最高，都接近 50%，且 2015 年占比相比 2014 年有所增加。基础设施建设、珍贵树种培育、森林经营性债务等所占比例均超过了 20%（图 14）。发展产业和森林管护债务相对占比较少，一定程度说明随着改革的深入和向公益性事业单位的转型，部分非林产业已经逐渐剥离，而国有林场森林资源管护往往发动林场职工完成。

对比 2014 年及 2015 年各省样本林场债务总和发现，河北、吉林、江西、甘肃债务减少；福建、山东债务持平；浙江、湖南及四川债务增加（图 15）。吉林省和江西省选取的样本林场中大部分存在债务问题，且金额较高。2015 年吉林省 8 个样本林场中 7 个存在债务问题，其中辉南森林经营局债务总额达到 8920 万元，有 3 个林场超过 1000 万元。

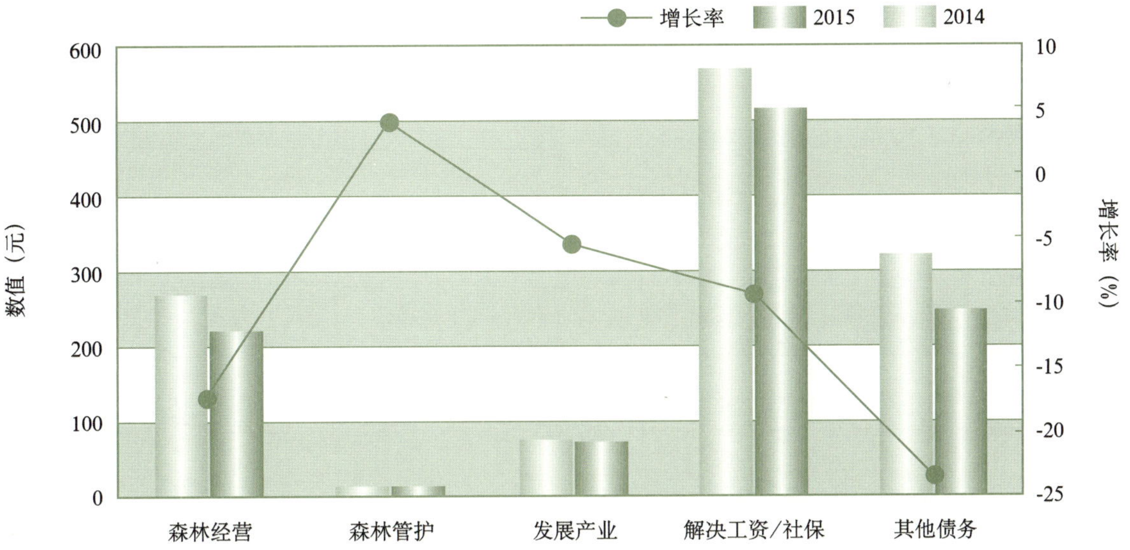

图 13　2014 ～ 2015 年样本林场各类债务均值及增长率

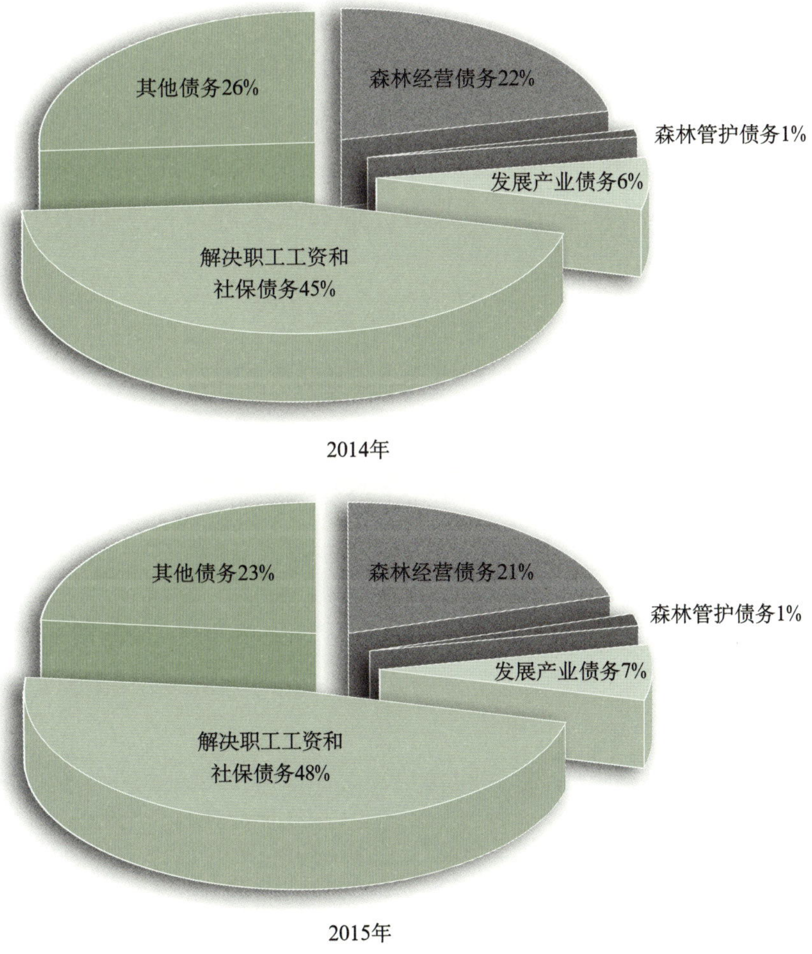

图 14　2014 ～ 2015 年林场各类债务结构占比

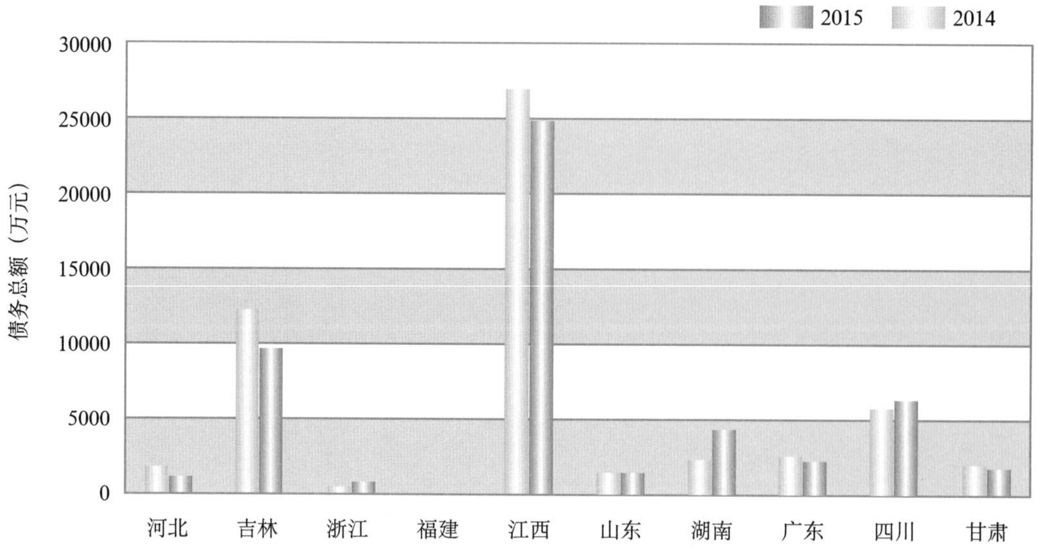

图 15 2014 ～ 2015 年各省林场债务总额

2015 年江西省 11 个样本林场中有 10 个存在债务问题，景德镇市枫树山林场债务总额达到了 1.94 亿元，其中用于解决职工工资和社会保障的债务值较大，2014 年为 1.69 亿元，2015 年为 1.39 亿元，全省共计 6 个样本林场债务总额超过 1000 万元。湖南省郴州市苏仙区五盖山林场债务总额高达 1.27 亿元，其中金融性债务 2 年均为 1.14 亿元，超过 1000 万元债务的林场有 2 个。河北省、福建省大部分样本林场零债务，部分林场有较少金融债务（表 12）。

表 12 2014 ～ 2015 年各省林场债务情况（万元，%）

省份	各省样本林场债务总额		
	2014	2015	增长率
河北	1829.63	1156.18	-36.81%
吉林	12278.02	9767.43	-20.45%
浙江	528	880	66.67%
福建	7.111	7.111	0.00%
江西	27041	24847	-8.11%
山东	1574.94	1574.97	0.00%
湖南	2383	4376.21	83.64%
广东	2652.68	2315.36	-12.72%
四川	5848.5	6359.68	8.74%
甘肃	2039.62	1899.54	-6.87%
总计	56182.5	53183.48	-5.34%

2．林场办社会职能基本剥离，但仍难根除

2015 年，94 个样本林场中仍有 10 个林场存在办社会职能，占样本林场总数的 10.6%，比 2014 年总数为 12 个减少了 16.6%。92.6% 的样本林场剥离了场办医院，比上年减少了 1 个；96.8% 的样本林场剥离了场办学校，总数与上年持平；95.7% 的样本林场没有场带乡村，比上年减少了 1 个。河北、福建、湖南、四川 4 省所有样本林场均已剥离办社会职能，但仍有部分省份的个别样本林场保留了部分社会职能。吉林省 1 个、江西省 1 个、广东省 1 个、甘肃省 4 个林场共计保留了 11 个场办医院。山东省 1 个、甘肃省 2 个林场保留了共计 3 个场办学校，与 2014 年相同。浙江省 1 个、江西省 1 个、广东省 1 个、甘肃省 1 个林场共计保留场带乡村 19 个，共代管村民总数 3957 人[1]。

（七）森林资源变化和产业发展情况

1．林场管护措施得力，林地资源得到保护

2015 年，97% 以上的样本林场建立了森林资源档案与森林资源管护责任制（表 13）。由于实施措施得当，样本林场基本没有发生重大火灾和乱砍滥伐现象，但仍存在少数林场林地被村集体、农民非法侵占的现象。2015 年林地被征占用以及被村集体、农民非法侵占比例分别为 11.36% 与 13%，与 2014 年基本持平；另外，林权纠纷发生率为 12.35%，比 2014 年的 15.38% 有所降低。从面积上来看，2015 年林地被非法征占用 0.29 万亩，比 2014 年增加了 0.06 万亩。2015 年林地被村集体、农民非法侵占 1.63 万亩，比 2014 年增加了 0.35 万亩。

表 13　2015 年样本林场森林资源保护情况

监测指标	统计指标	是	否	合计
有无建立森林资源的档案	样本数	89	3	92
	比例（%）	96.74	3.26	100
有无建立森林资源管护责任制	样本数	90	1	91
	比例（%）	98.90	1.10	100
有无重大火灾	样本数	3	75	78
	比例（%）	3.85	96.15	100
有无发生乱砍滥伐现象	样本数	2	87	89
	比例（%）	2.25	97.75	100
有无发生违法违规流转林地	样本数	3	85	88
	比例（%）	3.41	96.59	100

1．浙江省代管村人数缺失，这里是除浙江省外其余省份代管村人数总和。

（续）

监测指标	统计指标	是	否	合计
有无发生林地被非法调拨	样本数	0	87	87
	比例（%）	0	100	100
有无发生林地被非法占用现象	样本数	10	78	88
	比例（%）	11.36	88.64	100
有无林权纠纷	样本数	10	71	81
	比例（%）	12.35	87.65	100
有无发生林地被村集体、农民等非法侵占现象	样本数	7	47	54
	比例（%）	12.96	87.04	100

2．森林资源数量呈现出稳中有增的态势

（1）样本省林地面积变化不大，蓄积量略有提升。2015 年，样本省林地总面积 26426.63 万亩，较 2014 年增加 5 万亩；总森林蓄积量 100776.3 万立方米，比 2014 年增加 1110.39 万立方米。从样本省林地面积来看，河北、吉林、浙江等 9 省林地面积保持不变，湖南略有增加(表 14)。从样本省总蓄积量来看，10 省森林蓄积量表现出稳中有升的态势，其中吉林、江西、福建、山东、湖南均有增长趋势，其余 5 省保持不变（表 15）。

从样本省单位面积森林蓄积量来看，除河北、浙江、广东、甘肃 4 省保持不变外，其余 6 个省份均有小幅增加。单位面积蓄积量较高的前三个省份是福建、吉林、四川，较低的后 3 个省份是甘肃、河北、山东（表 16）。

表 14　样本省林地面积（万亩）

	河北	吉林	浙江	福建	江西	山东	湖南	广东	四川	甘肃
2014	1373.07	5290	758	608	2618	252	1736.1	1200	3970.3	8616.16
2015	1373.07	5290	758	608	2618	252	1741.1	1200	3970.3	8616.16

表 15　样本省森林蓄积量（万立方米）

	河北	吉林	浙江	福建	江西	山东	湖南	广东	四川	甘肃
2014	3200	28092	2054	4325	9343	596	7200	4798	20100	19957.94
2015	3200	28479	2054	4434	9623	610	7420.39	4798	20200	19957.94

表 16　样本省单位面积森林蓄积量（立方米／亩）

	河北	吉林	浙江	福建	江西	山东	湖南	广东	四川	甘肃
2014	2.33	5.31	2.71	7.11	3.57	2.37	4.15	4.00	5.06	2.32
2015	2.33	5.38	2.71	7.29	3.68	2.42	4.26	4.00	5.09	2.32

（2）样本林场林地面积与森林蓄积均略有增加。2015 年样本林场林地总面积 2195.56 万亩，比 2014 年增加了 25.53 万亩，增幅 1.18%；其中公益林面积 1406.79 万亩，较 2014 年略有提高；样本林场森林总蓄积 9674.01 万立方米，比上年增加了 96.38 万立方米，增幅为 1.01%。。除吉林、浙江、江西、甘肃、山东样本林场森林面积基本保持不变外，其他省份均有增加（表 17）。样本林场森林蓄积除河北、福建、湖南三省略有降低外，其余 7 省均呈现稳中有增的态势（表 18）。样本林场单位面积森林蓄积量除河北、福建、湖南、广东四省略有减少，吉林、浙江等 6 省份有所增加（表 19）。

表 17　分省样本林场林地面积（万亩）

	河北	吉林	浙江	福建	江西	山东	湖南	广东	四川	甘肃
2014	65.19	235.60	98.42	59.20	232.81	50.93	109.77	43.18	201.18	1073.75
2015	65.99	235.51	97.90	60.85	232.61	50.93	116.81	57.46	203.85	1073.65

表 18　分省样本林场森林蓄积量（万立方米）

	河北	吉林	浙江	福建	江西	山东	湖南	广东	四川	甘肃
2014	329.10	1497.14	636.48	484.70	1008.88	221.01	479.81	216.64	1436.50	3267.37
2015	315.17	1517.24	671.00	464.01	1010.57	225.88	453.32	265.90	1473.99	3276.93

表 19　分省样本林场单位面积森林蓄积量（立方米／亩）

	河北	吉林	浙江	福建	江西	山东	湖南	广东	四川	甘肃
2014	5.05	6.35	6.47	8.19	4.33	4.34	4.37	5.02	7.14	3.04
2015	4.78	6.44	6.85	7.63	4.34	4.44	3.88	4.63	7.23	3.05

3. 木材采伐减少，第三产业成为主导产业

2015 年，样本林场木材采伐量（包括主伐和抚育采伐）由 5808.81 立方米减少到 5065.60 立方米，减幅 12.79%；样本林场第一产业产值平均值由 848.66 万元降至 768.68 万元，降低 9.42%；第二产业产值平均值由 81.99 万元增至 169.70 万元，增长

106.98%；第三产业产值平均值由 1051.08 万元降至 969.61 万元，减少 7.75%；第三产业和第二产业产值始终分别位居首位和末位。

三、存在的问题及成因分析

2015 年度，监测 10 省国有林场改革工作进展顺利，然而在改革进展、制度建设、经费落实、人力资源开发、债务化解和林地保护等方面依然面临着一些问题，主要表现在以下几个方面：

（一）部分省区、市县进展缓慢

相关省出台的《国有林场改革指导意见》不完善，重大问题研究不够，部门工作不协调等，导致部分省区、市县改革推进缓慢。福建省改革总体进度缓慢，按照福建省《2016 年国有林场改革任务清单》时间安排，各设区市、平潭综合试验区以及有关县（市、区）应在 6 月底完成改革试验方案上报，8 月底全面完成改革实施方案的审批，实际上，截至到 8 月底，只有厦门市正式上报了国有林场改革方案。主要原因一是没有对省属国有林场的公益属性分类、人员编制核定、机构规格等重点内容加以明确，在执行过程中，各级林业主管部门需要与省、市机构编制部门进行协调，延误了改革进程。二是部分设区市在整合规模过小、分布零散的国有林场过程中，林场方面提出了一些不合理要求。三是个别地区在改革上存在畏难、畏烦和观望情绪。例如某些国有林场职工担心改革后收入不如改革前而对改革存有顾虑，或者部分林场在改为公益一类后职工劳动积极性有所降低。四是财政拨款进度影响改革进程，2015 年湖南和广东只有 77.14% 和 61.2% 的财政拨款到账。五是部分国有林场面临着各类庞大的债务，需要统筹解决。

（二）管理体制需进一步理顺

不同地区的林场收入和支出比例或结构有所差异，引发了一些问题。如吉林省过渡期内退休的林场职工，只能按照企业职工的标准发放工资和享受社保政策，难以完成身份转变，引起职工不满。部分地区收支两条线执行困难，福建省在执行过程中有部分国有林场是省办、市管、县监督的管理体制，省、市、县财政和林业主管部门均有临时性资金拨入，但并未明确国有林场作为哪一级独立预算单位。另外，政府部门对国有林场的考核基本套用其他机关事业单位的考核奖惩办法，未能适应林场的工作特点，导致平均主义思想抬头，挫伤了职工的工作积极性。部分事权负责决策和监督管理的部门尚未明确，存在“好事都管，遇事都不管”的现象。有些国有林场管理部门由于与林场沟通不畅而难以真正发挥组织和协调作用。

（三）资金短缺问题制约较大

国有林场改革在定位为公益性事业单位后，林场经费纳入财政预算。国有林场尽管可以获得事业编制财政拨款、公益林补偿资金、停伐补助资金、天保工程补助资金、森林抚育资金、造林以及病虫害防治专项经费，但难以保障职工工资、社会保障、职工基本生活、林场基础设施建设等支出，制约了改革的深化。监测结果显示，54% 的林场存在不同程度的债务问题，森林管护、职工工资及社会保障成为新的债务来源。如吉林省长春市净月潭实验林场欠缴养老本金 283 万元、滞纳金 221 万元，失业保险本金 33 万元、滞纳金 24 万元。部分林场（如江西省资溪县马头山林场）存在改革完成之后政府财政改制资金没有完全到位的现象。存在以上问题的主要原因：一是省级配套资金落实困难，市县财政筹措难度大，难以承受林场改革成本；二是造林补贴、抚育补贴、公益林管护补助等标准偏低；三是国有林场大都地处偏远山区，土地资源价值低，固定资产少，缺乏可变现资产；四是林场吸引社会资本投入能力低，引入战略投资者方面难度大；五是国有林场经营能力不足，产业发展薄弱。

（四）森林资源管护难度加大

部分国有林场虽然经营面积大，但树种单一、林分质量不高、林龄结构不合理、大径材少。森林资源得不到科学合理的保护利用，给林场后续资源培育和发展带来巨大压力。监测结果显示，2015 年样本林场林权纠纷发生率达 12.35%，少数林场存在林地被非法占用，林地被村集体、农民非法侵占的现象。国有林场专业技术人员、护林员匮乏且年龄偏大，森林资源管护任务难以承担。2015 样本职工平均管护面积为 2526.47 亩，人均管护森林面积较大。

（五）人力资源建设滞后

国有林场新生力量和专业技术人员匮乏、人才断层严重，普遍存在专业技术岗位占比偏低与工勤技能岗位占比偏高问题。多数林场在近几年甚至十几年都没有招聘新职工，用工主要依赖职工子女内招解决。山东大部分林场缺编严重，如柳埠林场现编制 94 人，实际在编 60 人，缺编 34 人，随着大批的林场职工退休，缺编人数会越来越多。由于人员只出不进，普遍存在林场建设队伍年龄结构老化，在 1289 个有效样本中，平均年龄 45 岁。国有林场职工平均受教育年限 12 年，文化水平偏低，林场普遍存在缺少技术和管理型人才的问题。一些林场本来就很难引进新人，同时存在新进人员流失现象，大学生、研究生不愿意扎根林场工作，甚至将林场作为就业过渡，一两年后便通过考试与选调等方式离开。

究其原因：一是工作条件艰苦且单调乏味、级别待遇低、上升渠道狭窄；二是林场实行差额拨款管理以及事业编制不能落实到位引发人才招录、提拔、交流的渠道不畅；三是竞争机制和激励措施与其他行业相比劣势明显；四是管理、专技、工勤的岗位结构不合理，人事关系僵化，还没有建立符合林场要求和特点的选人用人制度。

四、国有林场改革与转型发展政策建议

针对当前国有林场尚未解决的问题和面临的困境，应坚持有利于森林资源的保护和合理利用、有利于国有林场建设、有利于林场自身实力的不断增强、职工收入的不断增加和生活条件不断改善的原则，认真研究并组织实施好国有林场改革，促使国有林场又好又快发展。

（一）因势利导，优化管理体制

第一，人事制度方面，根据林场保护方式和生态需求、对职工数量结构进行优化，科学核定编制。科学设置国有林场管理岗位、专业技术岗位和森林管护培育等林业技能岗位比例。第二，财政保障方面，对事业型国有林场要明确纳入哪一级财政预算，经营支出和收入实行“收支两条线”管理。对企业型国有林场要减少行政干预，公益林管护通过政府购买服务实现，鼓励优强林业企业参与兼并重组，通过规模化经营、市场化运作，切实提高企业性质国有林场的运营效率。第三，管理运行方面，在界定国有林场属性基础上，切实推进国有林场政事分开、事企分开，根据当地实际，逐步理顺国有林场与代管乡镇、村的关系。此外，在适当提高林场行政级别的同时，兼顾科学合理原则，以便国有林场与其他单位的业务对接。

（二）广开渠道，扩大改革资金来源

一方面大力发展绿色金融，开发适合国有林场特点的信贷产品，将林场的资源优势转变为发展优势。同时加大贴息投入力度，建立健全财政、林场、金融管理部门共同参与的林业贴息贷款协同监管机制。另一方面鼓励实施经营特许权制度，引入社会资本。通过经营特许权，实施点状招商，引入不同社会资本。推广公私合作（PPP）模式，在发展森林公园、森林旅游和休闲游憩设施以及林场公共服务设施等领域优先探索实施 PPP 项目。

（三）多措并举，着力强化森林资源管护

加强森林资源的培育与管护，将之从国有林场主要业务提升到各级党委政府一把手工程的重要地位。不断强化地方政府和党政领导干部森林资源保护、生态建设等职责，落实对其森林资源保护绩效的考核，提高生态指标考核约束力。加强国有林场森林资源监测体系建设，实现国有林场森林资源管护现代化智能化。建立健全国有林场森林资源管理档案，定期向社会公布国有林场森林资源与生态状况，接受社会监督。

（四）探索多种发展模式，破解人力资源建设瓶颈

第一，创新途径优化队伍年龄和岗位结构。根据林场老中青队伍结构，在“责任制”

基础上探索守山护林的“年轻队伍上山锻炼”机制，或“中青老轮岗”机制，又或“队伍中青老配对”机制等。第二，探索林场职工“走出去”发展战略。扩大职工交流比例，简化手续流程，通过送出去学习培训、轮岗锻炼、交流任职等多种方式，加强对现有人员的培养，促进知识更新，加快人才成长。第三，创新人力资源录用机制。针对国有林场探索“差异化人力资源录用机制”，对管理、技术和护林按实际工作需求对管理、技术和护林，实施不同的考录方式。

附 件

附件 1．2015 监测林场变化情况

当期监测范围为 10 省 94 个林场，新增了吉林、福建、四川和广东 4 省。其中，32 个林场是已经改革验收完的（河北 1+ 山东 2+ 浙江 3+ 湖南 10+ 江西 11+ 甘肃 5），包含了 26 个持续监测林场。上一期监测范围为 6 省 40 个林场。

监测省份（10）	监测林场（94）	其中：试点林场（26）	监测样本变化
河北（7）	河北省木兰围场国有林场管理局五道沟林场、邯郸市漳河林场、承德市狮子沟林场、承德市隆化县茅荆坝林场、秦皇岛市青龙满族自治县都山林场、石家庄市井陉县辛庄林场、保定市涞水县桑园涧林场	1个：承德隆化茅荆坝林场	上期2个试点林场，删除了上期的丰宁县邓栅子林场
吉林（8）	吉林省辉南森林经营局、长春市净月实验林场、大安市芦苇管理总场、大安市舍力机械林场、公主岭市桑树台林场、临江市六道沟林场、通化市通化县石湖林场、延边州汪清县西大坡林场	0个	新增省份
浙江（6）	宁波市林场、杭州市淳安县林业总场、温州市永嘉县四海山林场、衢州市开化县实验林场、丽水市白云山生态林场、丽水市庆元县实验林场	3个：永嘉县四海山林场、开化县实验林场、庆元县实验林场	上期9个试点林场，删除了上期的杭州市临安天目山林场、杭州市淳安富溪林场、绍兴市新昌小将林场、金华市磐安园塘林场、台州市三门县林场和丽水市松阳林村林场
福建（7）	福建省洋口国有林场、福建省闽清白云山国有林场、福建省霞浦杨梅岭国有林场、三明市尤溪国有林场、龙岩市长汀楼子坝国有林场、漳州市诏安国有防护林场、南平市政和国有林场	0个	新增省份
江西（11）	景德镇市枫树山林场、贵溪市双圳林场、九江市武宁县营林林场、萍乡市莲花县玉壶山林场、吉安市永丰县官山林场、吉安市安福县明月山林场、吉安市泰和县天湖山林场、吉安市吉水县芦溪岭林场、吉安市吉安县九龙林场、宜春市袁州区国有林场、新余市分宜县昌山林场	11个：同左	上期11个试点林场，没变化

（续）

监测省份（10）	监测林场（94）	其中：试点林场（26）	监测样本变化
山东（10）	山东省国有药乡林场、济南市历城区国有柳埠林场、青岛市崂山区国有崂山林场、泰安市国有徂徕山林场、烟台市国有昆嵛山林场、淄博市鲁山林场、莱芜市莱城区国有华山林场、聊城市莘县国有马西林场、潍坊市临朐县沂山林场、临沂市平邑县国有万寿宫林场	2个：临沂市平邑县国有万寿宫林场、泰安市国有徂徕山林场	上期5个试点林场，删除了上期的宁阳县高桥林场、费县塔山林场、沂水县沂山林场
湖南（10）	长沙市浏阳市大围山林场、株洲市炎陵县青石冈林场、衡阳市南岳区南岳林场、邵阳市绥宁县寨市林场、张家界永定区猪石头林场、郴州市苏仙区五盖山林场、永州市宁远县九嶷山林场、怀化市溆浦县中都林场、娄底市双峰县黄龙林场、湘西州古丈县高望界林场	4个：浏阳市大围山林场、苏仙区五盖山林场、双峰县黄龙林场、古丈县高望界林场	上期8个试点林场，删除了上期的攸县黄丰桥国有林场、永定区猪石头林场、澧县天供山国有林场和麻阳县西晃山国有林场
广东（11）	广东省连山林场、广东省龙眼洞林场、韶关市曲江林场、 惠州市象头山林场、清远市小龙林场、佛山市云勇林场、东莞市清溪林场、云浮市同乐林场、梅州市五华县鸿图嶂林场、韶关市乐昌市龙山林场、肇庆市怀集县金鸡林场	0个	新增省份
四川（9）	攀枝花市国营林场总场、峨眉山市林场、泸州市合江县福宝林场、宜宾市宜宾县隆兴森林经营所、眉山市洪雅县林场、广安市邻水县四海山林场、巴中市南江县大坝林场、西昌市四合林场、达州市达川区铁山林场	0个	新增省份
甘肃（15）	甘肃省白龙江林业管理局洮河林业局大峪林场、甘肃省白龙江林业管理局迭部林业局腊子口林场、甘肃省白龙江林业管理局舟曲林业局憨班林场、甘肃省小陇山林业实验局党川林场、甘肃省小陇山林业实验局滩歌林场、甘肃省小陇山林业实验局左家林场、甘肃省小陇山林业实验局龙门林场、庆阳市华池林业总场豹子川林场、庆阳市合水林业总场连家砭林场、庆阳市湘乐林业总场桂花塬林场、庆阳市正宁林业总场西坡林场、张掖市寺大隆林场、陇南市岷江林业总场黄家路林场、庆阳市环县四合塬林场、武威市天祝县华隆林场	5个：华池林业总场豹子川林场、合水林业总场连家砭林场、湘乐林业总长桂花塬林场、正宁林业总场西坡林场、环县四合塬林场	上期5个试点林场

附件2. 省级国有林场主管部门监测指标体系

<table>
<tr><th>监测指标</th><th colspan="3">监测内容</th><th>单位</th><th>2014年</th><th>2015年</th><th>填写说明</th></tr>
<tr><td rowspan="2">政策法规</td><td colspan="3">出台省级国有林场改革发展文件</td><td>个</td><td></td><td></td><td></td></tr>
<tr><td colspan="3">出台省级综合性法规、规章或政策性文件（包含国有林场内容）</td><td>个</td><td></td><td></td><td></td></tr>
<tr><td rowspan="5">资金保障</td><td colspan="3">中央投入国有林场改革发展资金（包括财政、发改两个渠道下达的资金）</td><td>万元</td><td></td><td></td><td>实际到位资金</td></tr>
<tr><td colspan="3">省级投入国有林场基础设施建设专项资金</td><td>万元</td><td></td><td></td><td>实际到位资金</td></tr>
<tr><td colspan="3">省级安排国有林场改革专项资金</td><td>万元</td><td></td><td></td><td>实际拨付资金</td></tr>
<tr><td colspan="3">省级国有林场改革工作经费</td><td>万元</td><td></td><td></td><td>实际到位资金</td></tr>
<tr><td colspan="3">市/县投入国有林场改革发展资金</td><td>万元</td><td></td><td></td><td>实际到位资金</td></tr>
<tr><td rowspan="20">管理能力</td><td rowspan="10">组织宣传</td><td colspan="2">召开省级国有林场改革会议</td><td>次</td><td></td><td></td><td>包括工作会议</td></tr>
<tr><td colspan="2">领导（省部级以上）到国有林场调研</td><td>名</td><td></td><td></td><td></td></tr>
<tr><td colspan="2">在省级以上主流媒体报道国有林场改革事迹</td><td>次</td><td></td><td></td><td></td></tr>
<tr><td colspan="2">调研报告、典型经验等获得省部级以上领导批示</td><td>次</td><td></td><td></td><td></td></tr>
<tr><td colspan="2">举办国有林场培训班</td><td>次</td><td></td><td></td><td></td></tr>
<tr><td rowspan="3">省级国有林场管理机构变化情况</td><td>机构级别</td><td rowspan="3">增强/不变/弱化</td><td></td><td></td><td></td></tr>
<tr><td>机构职能</td><td></td><td></td><td></td></tr>
<tr><td>工作人员</td><td></td><td></td><td></td></tr>
<tr><td colspan="2">国有林场（正科级以上）比例</td><td>%</td><td></td><td></td><td></td></tr>
<tr><td colspan="2" style="display:none"></td></tr>
<tr><td rowspan="4">单位定性</td><td colspan="2">国有林场数量</td><td>个</td><td></td><td></td><td></td></tr>
<tr><td colspan="2">公益一类林场</td><td>%</td><td></td><td></td><td></td></tr>
<tr><td colspan="2">公益二类林场</td><td>%</td><td></td><td></td><td></td></tr>
<tr><td colspan="2">企业性质林场</td><td>%</td><td></td><td></td><td></td></tr>
<tr><td rowspan="6">人员定编</td><td colspan="2">国有林场在职职工人数</td><td>人</td><td></td><td></td><td></td></tr>
<tr><td colspan="2">国有林场在岗职工人数（占在职职工人数的）</td><td>人（%）</td><td></td><td></td><td></td></tr>
<tr><td colspan="2">国有林场离退休职工人数（占总职工人数的）</td><td>人（%）</td><td></td><td></td><td></td></tr>
<tr><td colspan="2">企业性质国有林场人员编制数</td><td>个</td><td></td><td></td><td></td></tr>
<tr><td colspan="2">公益二类国有林场人员编制数</td><td>个</td><td></td><td></td><td></td></tr>
<tr><td colspan="2">公益一类国有林场人员编制数</td><td>个</td><td></td><td></td><td></td></tr>
</table>

（续）

监测指标	监测内容			单位	2014年	2015年	填写说明
管理能力	资源监管	国有林场经营面积	国有林地	万亩			根据当年年底资源统计数据填报
			集体林地	万亩			
			非林地	万亩			
		国有林场森林面积	有林地	万亩			
			公益林	万亩			
			国家级公益林	万亩			
			天然林	万亩			
		国有林场森林蓄积量		万立方米			

附件 3. 国有林场改革效果监测指标体系

监测指标	监测内容		单位	2014年	2015年	填写说明
管理体制	林场性质		—			公益一类=3；公益二类=2；企业性质=1
	管理层级		—			省属=3；地市属=2；县属=1
	林场级别		—			正处=6；副处=5；正科=4；副科=3；正股=2；副股=1
	财政拨款比例		%			
	财政拨款进度		%			
	事业编制数		个			
	在职职工人数		人			
	在岗职工人数		人			
	离退休职工人数		人			
经营机制	政府购买生态公益林管护服务情况		元			购买管护服务金额
			万亩			购买管护服务面积
	岗位设置情况	管理岗位数量	个			请按人社部门批准的数据填写
		专业技术岗位数量	个			
		工勤技能岗位数量	个			
	人才队伍建设情况	培训人次	人			
	新进人员情况	政策性安置	人			
		公开招聘	人			
		其他	人			请注明具体进人方式
民生改善	在职职工年平均工资		元			
	退休职工年平均工资		元			
	在职职工参加基本养老保险		人			
	退休职工参加基本养老保险		人			
	在职职工参加基本医疗保险		人			
	退休职工参加基本医疗保险		人			

（续）

监测指标	监测内容		单位	2014年	2015年	填写说明
民生改善	分流安置职工情况	通过政府购买服务从事森林管护抚育	人			此类别安置人员
		由林场提供特色产业等工作岗位	人			此类别安置人员
		通过职业技能培训引导转岗就业	人			此类别安置人员
		其他	人			请注明具体安置方式
历史遗留问题	债务	金融性债务	万元			请分别填写截至2014年、2015年底各类尚未清偿的债务数额
		非金融性债务	万元			
		森林经营债务	万元			
		森林管护债务	万元			
		发展产业债务	万元			
		解决职工工资和社会保障债务	万元			
		其他债务	万元			请注明具体债务内容
	办社会职能	场办医院	所			
		场办学校	所			
		场带乡村数量	个			
		场带乡村人数	人			
森林资源	经营面积	国有林地	万亩			
		集体林地	万亩			
		非林地	万亩			
	森林面积	有林地	万亩			以森林资源二类调查数据为准，公益林面积请填写林场公益林总面积
		公益林	万亩			
		国家级公益林	万亩			
		天然林	万亩			
	森林蓄积		万立方米			
	造林面积		万亩			
	森林抚育面积		万亩			
	发生森林火灾面积		万亩			
	有无乱砍滥伐现象		—			有/无
	是否建立森林资源的档案		—			是/否
	是否建立森林资源管护责任制		—			是/否

（续）

监测指标	监测内容		单位	2014年	2015年	填写说明
森林资源	有无发生流转林地（包括对外作价入股、合资合作、租赁、抵押、担保和转让）		—			有/无
			万亩			如有，流转面积是多少
	有无发生林地被调拨（指被划归其他部门管理）现象		—			有/无
			万亩			如有，调拨面积是多少
	有无发生林地被征占用现象		—			有/无
			万亩			如有，征占用面积是多少
	有无林权纠纷		—			有/无
	有无发生林地被村集体、农民等侵占现象		—			有/无
			万亩			如有，侵占面积是多少
产业发展	木材采伐量	主伐	立方米			
		抚育采伐	立方米			
	产值结构	第一产业	万元			
		第二产业	万元			
		第三产业	万元			
支撑政策	财政投入		万元			指各级财政投入
	其中：基本建设投入		万元			
	社会投入		万元			

注：“—”是没有单位的意思，并非不需填写，请按照填写说明填写相应指标。

附件 4. 国有林场职工监测指标体系

监测指标	监测内容		单位	2014年	2015年	填写说明
基本情况	隶属林场		—			
	姓名					
	性别					
	年龄		岁			
	受教育程度		年			
	家庭总人口		人			
	其中：外出务工人员		人			
	管护林地面积		亩			
就业	就业状态（在岗/待岗/离退休）		—			
	岗位类型		—			4=管理岗；3=专技岗；2=工勤岗；1=其他
收入	个人实际到手工资收入（不含社保）		元/年			
	家庭总收入					
	家庭纯收入（扣除生活支出后的纯收入）					
	个人工资外收入	农林业经营性收入				种植、养殖、渔业收入等
		其中：林业经营性收入				
		服务类经营性收入				森林旅游、农家乐等收入
		外出务工收入				
		财产性收入				利息、股息、土地征用金等
		转移性收入（其他）				抚恤金、财政补贴资金等
社会保障	参保情况	是否参加养老参保	—			1=是；2=否
		参保类型				1=企业型；2=事业型
		是否参加医疗保险				1=是；2=否
		参保类型				1=城镇职工；2=城镇居民；3=新农合
	个人缴纳养老保险		元/年			
	个人缴纳医疗保险					
改革政策的满意度和政策需求	改革政策满意度		—			5=很满意；4=较满意3=一般；2=不太满意；1=不满意
	政策需求		—			

国有林场改革

监测报告（2016）

"国有林场改革监测"项目组 ■ 编著

中国林业出版社
China Forestry Publishing House

图书在版编目（CIP）数据

国有林场改革监测报告. 2016 / “国有林场改革监测”项目组编著. -- 北京 : 中国林业出版社, 2018.4
ISBN 978-7-5038-9569-2

Ⅰ. ①国… Ⅱ. ①国… Ⅲ. ①国营林场－经济体制改革－研究报告－中国－2016 Ⅳ. ①F326.25

中国版本图书馆CIP数据核字(2018)第101284号

出 版 中国林业出版社
（100009 北京西城区德内大街刘海胡同 7 号）
网 址 www.lycb.forestry.gov.cn
发 行 中国林业出版社
电 话 (010) 83143542
印 刷 固安县京平诚乾印刷有限公司
版 次 2018 年 4 月第 1 版
印 次 2018 年 4 月第 1 次
开 本 889mm × 1194mm 1/16
印 张 8.75
字 数 192 千字
定 价 88.00 元（全三册）

编 写 组

组　　长：陈绍志

成　　员：赵　荣　赵晓迪　宁攸凉　张　英
周海川　韩　锋　赵铁蕊　吴　潇

前　言

国有林场是新中国成立初期国家为加快森林资源培育、保护和改善生态，在重点生态脆弱地区和大面积集中连片的国有荒山荒地上，采取国家投资的方式建立起来的专门从事营造林和森林管护的林业事业单位。截至2012年底，全国国有林场总数已达4855个，经营面积11.5亿亩，占我国国土面积的8%，其中森林面积6.7亿亩，森林蓄积量23.4亿立方米，分别占全国森林面积和森林总蓄积量的23%和17%，已成为我国生态功能最完善、森林资源最丰富、森林景观最优美、生物多样性最富集的区域，是我国生态脆弱地区主要的生态屏障和重要的后备森林资源基地，更是我国全体国民巨大的公共产品和宝贵的生态财富。

然而，自20世纪80年代国家对国有林场实行了“事业单位企业化管理”的体制，林场的投入严重不足，缺乏明确的支持政策和稳定的公共财政投资渠道。随着我国经济体制改革的深入，国有林场又进一步被边缘化，进入了不城不乡、不工不农、不事不企”的怪圈。特别是进入21世纪实施以生态建设为主的林业发展战略以来，这种管理体制越来越不适应形势的发展，国有林场既要承担生态建设的繁重任务，又要自己“找饭吃”，致使部分国有林场发展陷入困境，突出表现在基础设施落后、生存条件恶劣、林场经济无来源、债务负担沉重、职工生活困难、社会保障不健全等。

改变国有林场危困局面，推动全国国有林场的改革与发展已成为林业发展和生态建设的重要议题。2015年2月8日，中共中央、国务院印发了《国有林场改革方案》和《国有林区改革指导意见》（中发〔2015〕6号，以下简称“中发6号文件”），3月17日，国务院召开了全国国有林场和国有林区改革工作电视电话会议，全面启动国有林场改革，并作出全面部署。2016年，国有林场全面停止了天然林商业性采伐，每年减少天然林采伐量556万立方米，全面推动了国有林场发展模式由木材生产为主转变为生态修复和建设为主、由利用森林获取经济利益为主转变为保护森林提供生态服务为主。同年，全国31个省（区、市）国有林场改革实施方案全部通过国家国有林场改革工作小组的审批，国有林场改革进入了全面展开的新阶段。

为跟踪分析改革进展，总结推广成功经验，发现解决存在问题，科学评估改革成效，自2013年起，国家林业局国有林场和林木种苗工作总站委托中国林业科学研究院林业科技信息研究所，组织开展国有林场改革监测。2013～2015三个年度监测报告均已出版，得到了中央有关部门、地方人民政府、国有林场主管部门及干部职工的肯定，对推进国有林场改革起到了重要的指导和借鉴作用。

适应新形势新要求，从2016年起，国有林场改革监测内容增加了森林生态功能方面的指标（详见附件4），从森林群落结构、树种结构、森林自然度、郁闭度、枯枝落叶厚度、植被总覆盖度等8个方面监测国有林场改革中森林生态功能的变化。2016年国有林场改革监测的范围（10省94林场1289名职工）与2015年保持一致。

监测结果显示，2016年10省区国有林场改革工作卓有成效：公益一类林场数量持续增长；林场定性、人员定编顺利实施；岗位设置逐步优化，结构更为合理，富余人员安置方式多样；职工收入和社保金额保持增长，社保覆盖面基本稳定；林场生态功能整体增强，林场产值不断增加，社会资本开始进入。但仍存在如下问题：改革推进不均衡，部分省区进度缓慢；省级配套资金落实困难，市县财政筹措难度大，部分林场存在财政拨款不到位的现象；人均管护森林面积骤增，森林资源管护难度加大；职工工资性收入增长放缓，部分省份职工满意度下降等。

值此书稿付梓之际，谨向指导、协调和帮助我们完成监测工作的国家林业局国有林场和林木种苗工作总站、监测省区国有林场主管部门、调研市县的分管领导以及国有林场的负责同志和广大职工表示衷心的感谢！

著　者

2017年6月于北京

目 录

附件

一、样本选取

2016 年国有林场改革监测的范围与 2015 年保持一致，仍是 10 省份（河北、浙江、江西、山东、湖南、甘肃、广东、福建、吉林、四川）的 94 个林场。职工监测范围同样与 2015 年（1289 名）保持一致，因回收问卷质量问题，2016 年有效监测职工样本为 1246 名。

（一）样本林场基本情况

10 省样本林场分布如表 1 所示。其中，甘肃省样本数所占总样本数比例最高（15.96%），其次是江西与广东等 8 省，浙江省样本数所占比例最低（6.38%）。

表 1　样本林场分布

省份	所属地区	样本数	比例(%)
河北	华北	7	7.45
吉林	东北	8	8.51
浙江	华东	6	6.38
福建	华东	7	7.45
江西	华东	11	11.70
山东	华东	10	10.64
湖南	华中	10	10.64
广东	华南	11	11.70
四川	西南	9	9.57
甘肃	西北	15	15.96
合计		94	100.00

样本林场涵盖了公益一类、公益二类、企业性质（含自收自支事业单位）3 种林场类型，省属、地市属与县属 3 种管理层级，正处、副处、正科、副科、正股与副股六种行政级别（表 2）。从样本林场类型看，公益一类占比最高（49.46%），其次是公益二类（34.41%），企业性质单位占比最低（16.13%）。从管理层级看，县属林场占比最高（56.38%），其次是地市属（26.60%），省属林场占比最低（17.02%）。从林场级别看，正处、副处级别分别占 10.99%、9.89%，正科、副科级别分别占 41.76%、21.98%，正股、副股（及以下）级别分别占 12.09%、3.30%。从林场经营面积看，样本林场平均规模为 23.64 万亩，最

表 2 样本林场特征

监测指标	分类特征								
林场性质			公益一类	公益二类	企业性质	合计			
	2015	样本数	37	34	22	93			
		比例（%）	39.78	36.56	23.66	100.00			
	2016	样本数	46	32	15	93			
		比例（%）	49.46	34.41	16.13	100			
管理层级			省属	地市属	县属	合计			
	2015	样本数	15	26	53	94			
		比例（%）	15.96	27.66	56.38	100.00			
	2016	样本数	16	25	53	94			
		比例（%）	17.02	26.60	56.38	100.00			
林场级别			正处	副处	正科	副科	正股	副股（及以下）	合计
	2015	样本数	11	8	37	20	12	3	91
		比例（%）	12.09	8.79	40.66	21.98	13.19	3.30	100.00
	2016	样本数	10	9	38	20	11	3	91
		比例（%）	10.99	9.89	41.76	21.98	12.09	3.30	100.00
经营面积		样本数	平均值	最小值	最大值				
	2015	93	23.64	0.23	262.69				
	2016	93	23.64	0.23	262.69				
在岗职工人数		样本数	平均值	最小值	最大值				
	2015	94	110	2	816				
	2016	94	113	3	853				

备注：（1）表格数据根据2016年监测数据整理；（2）由于部分指标数据缺失，导致部分样本总数少于94；（3）本轮监测将自收自支林场归为企业性质，下同。

大为 262.69 万亩（甘肃省张掖市寺大隆林场），最小为 0.23 万亩（广东省肇庆市怀集县金鸡林场）。从在岗职工人数看，样本林场平均为 113 人，最大为 853 人（江西景德镇市枫树山林场），最小为 2 人（广东省肇庆市怀集县金鸡林场）。

（二）样本职工基本情况

2016 年监测样本职工合计 1289 名，共收到样本职工返回问卷 1246 份，有效样本 1246 个，其中江西省样本量最大，约占 19.90%；四川、甘肃和吉林 3 省的样本量占比也超过了 10%，分别为 15.97%、12.84% 和 10.19%（表 3）。

表 3　样本职工分布

省份	林场样本数	职工样本数	有效样本数	占总有效样本比例（%）
河北	7	68	68	5.45
吉林	8	127	127	10.18
浙江	6	66	66	5.29
福建	7	71	71	5.69
江西	11	248	248	19.89
山东	10	100	100	8.02
湖南	10	106	106	8.50
广东	11	101	101	8.10
四川	9	199	199	15.96
甘肃	15	160	160	12.91
总计	94	1246	1246	100

从人员结构看，男性 955 人，女性 291 人，平均年龄 47 岁，平均受教育年限 12 年，平均家庭成员 3 ～ 4 人，有外出打工家庭成员的比例约为 19.26%。有 413 个样本职工从事森林管护，占总样本的 33.15%，比 2015 年减少 210 人；平均管护面积为 3661.25 亩，比 2015 年增长 44.92%（表 4）。

表 4　样本职工基本情况

省份	年龄	受教育程度（年）	家庭规模（人）	男职工占比（%）	外出打工家庭样本占比（%）	管护林地面积（亩）
河北	43	11	4	77.94	8.82	1723.68
吉林	46	11	3	73.23	3.15	3326.96
浙江	47	13	3	83.33	19.70	4799.61
福建	47	12	3	78.87	21.13	3591.09
江西	49	12	3	73.79	20.16	2538.68
山东	45	12	4	89.00	16.00	1289.95
湖南	47	11	4	73.58	51.89	1779.16
广东	48		4	78.22	30.69	2337.48
四川	46	12	3	69.35	6.53	2595.79
甘肃	44	12	4	81.25	23.13	8386.61

二、监测结果

（一）改革总体进展

监测结果显示，2016 年 10 省区国有林场改革工作成效显著。一是坚持公益性改革方向不动摇，公益一类林场数量增长；二是强化林场各级管理机构职能，提升了管理能力；三是落实各项相关政策和保障措施，确保了林场定性、人员定编的顺利实施；四是创新方式，岗位设置逐步优化，结构更为合理，富余人员安置成效显现；五是职工收入和社保金额保持增长，社保覆盖面基本稳定；六是贫困林场脱贫工作顺利开展，前景明朗；七是林地面积和森林蓄积量变化不大，单位面积森林蓄积量略有增长，林场生态功能整体增强，由中等向上等迈进仍有很大提升空间，林场产值不断增加，社会资本开始进入。

但仍存在如下问题：改革推进不均衡，部分省区进度较慢；省级配套资金落实困难，市县财政筹措难度大，部分林场存在财政拨款不到位的现象，影响了政府购买生态公益林管护、森林抚育等服务；人均管护森林面积骤增，森林资源管护难度加大，事故率发生风险提高；职工收入水平增长放缓，部分省份出现负增长；部分省份职工满意度下降等。

（二）管理体制改革情况

截至 2016 年底，多数监测省份完成了中央 6 号文件规定的管理体制改革主体任务。

1．坚持公益性改革方向不动摇

监测结果显示，2016 年公益一类林场数量同比提高了 9.68%，公益二类林场与企业性质林场数量同比分别下降了 2.15% 与 7.53%（图 1，内环是 2015 年，外环是 2016 年）。

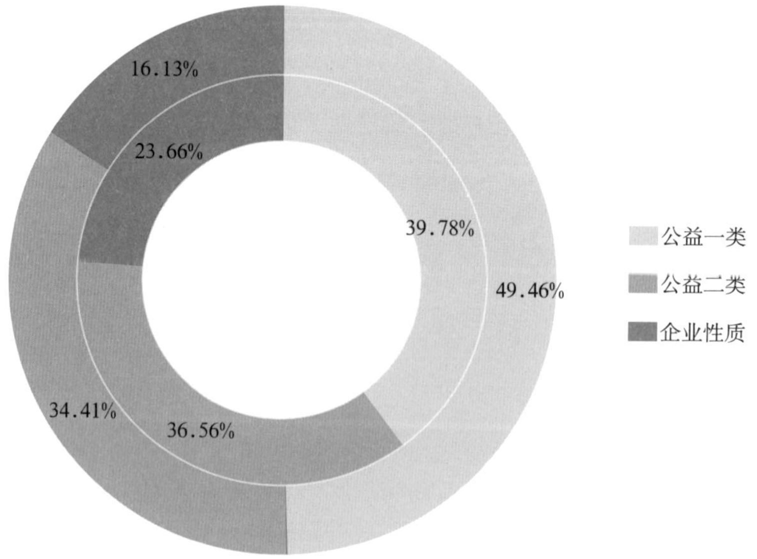

图 1　样本林场中不同性质林场占比情况

各省均坚持了公益性为主的改革方向。据统计，河北、浙江、福建、江西、山东、湖南、四川与甘肃已将绝大多数国有林场界定为生态公益型林场，吉林、广东省企业性质的国有林场原则上保持企业性质不变。通过政府购买服务实现公益林管护，或者结合国有企业改革探索转型为公益性企业。

2．林场管理机构职能不断强化，管理能力提升

2016 年，10 省各级林场管理机构的级别和职能与 2015 年基本保持一致，仅广东省在强化行政管理职能方面有较大突破。广东省在广东省国有林场服务总站基础上组建广东省国有林场和森林公园管理局，核定编制 35 名，承担国有林场和森林公园相关管理职能；全省 13 个省属林场全部加挂森林公园管理处牌子，核定编制 1011 名，另安排机动编制 600 名，用于改革期间人员安置，确保改革稳步推进；同时要求广东省各地市林业局新设专门科室作为相应级别林场管理机构。

3．林场合并重组整体推进，缩编和人员精简并行

各省区通过改革，坚持机构精简和规模经营原则，继续推进林场优化重组整合。2015 年度第一批试点省已基本完成林场整合，2016 年度主要的变化体现在福建、广东等新增监测省份。2016 年福建省按照闽委发〔2016〕7 号文件要求，除少数部分特殊情况的县（市）外，完成大部分县（市）行政区域内 2 个以上国有林场的整合改革实施方案编制，106 个省属林场整合成 88 个，较上年下降幅度为 16.98%。

与上一年度相比，2016 年样本林场事业编制数均值由上年的 111 个减少至 102 个，降幅为 8.73%；在职职工人数均值由 134 个减少至 127 个，降幅为 5.27%；在岗职工人数均值由 110 个增加至 113 个，增幅为 3.05%，增长原因主要受景德镇市枫树山林场的改革措施影响，该林场在 2016 年将在职离岗职工全部转为在岗职工，使得在岗职工人数由上一年的 415 人增至目前的 853 人。样本林场离退休职工人数变化不大(见表 5)。

分省看，在样本林场中，2015 ~ 2016 年，事业编制数出现下降的省份是广东 (-57.71%)、湖南（-25.72%）、四川（-19.27%）、吉林（-2.19%）与甘肃（-0.67%）五省，编制数下降主要原因是转岗安置、提前退休与正常退休；事业编制数保持不变的省份是河北、浙江与江西省，三省林场在 2016 年之前已经完成编制数核定工作；事业编制数反而上升的省份是山东（14.01%）与福建（5.03%），主要原因是一些林场抓住林场性质调整有利时机，将自收自支编制人员与长期在林场工作的编外人员纳入事业编制。在职职工人数增加的省份只有山东 (7.44%)，减少的省份有 9 个，其中湖南 (-23.42%) 与四川 (-19.59%) 降幅非常明显。在岗职工人数增加的省份是江西（21.12%）、湖南（16.36%）与山东（7.84%）；河北保持不变；其他 6 省均出现了不同程度的减少，其中吉林减幅最为明显 (-16.17%)。与此同时，离退休职工人数增加的省份依次是山东（7.75%）、河北（4.18%）、湖南（2.20%）、吉林（1.92%）、江西（1.67%）与浙江（1.49%），它们的增长率均高于 10 省平均水平（0.12%）；离退休职工人数减少的是甘肃（-0.63%）、广东（-0.86%）、福建（-3.16%）与四川（-13.96%）。从各类职工人数对比发现，浙江、江西、广东与四川

表 5　各省样本林场事业编制数与各类职工人数均值变化情况（人、%）

省份	事业编制数			在职职工人数			在岗职工人数			离退休职工人数		
	2015	2016	增长率（%）	2015	2016	增长率（%）	2015	2016	增长率（%）	2015	2016	增长率（%）
河北	75	75	0.00	59	59	-0.24	58	58	0.00	43	44	4.18
吉林	62	61	-2.19	241	228	-5.76	184	159	-16.17	153	156	1.92
浙江	40	40	0.00	117	113	-3.24	115	112	-2.84	231	235	1.49
福建	100	105	5.03	73	68	-6.26	72	69	-5.41	75	72	-3.16
江西	94	94	0.00	239	235	-1.66	145	184	21.12	266	270	1.67
山东	143	166	14.01	119	129	7.44	119	129	7.84	98	106	7.75
湖南	118	94	-25.72	121	98	-23.42	73	87	16.36	94	96	2.20
广东	137	87	-57.71	68	66	-2.89	69	67	-3.53	107	106	-0.86
四川	171	143	-19.27	135	113	-19.59	104	104	-0.21	145	127	-13.96
甘肃	113	112	-0.67	136	131	-3.82	135	131	-3.46	74	73	-0.63
均值	111	102	-8.73	134	127	-5.27	110	113	3.05	126	126	0.12

离退休职工人数明显多于在岗职工，意味着这两省国有林场改革所负担的退休金、社保金以及经济补偿费将高于其他省份。

4．财政资金安排同步改革进程，拨款进度有所加快

2016 年，随着大部分监测省份林场改革主体任务的完成，中央层面的改革补助资金降幅明显，省级和市县级的改革配套资金安排则与各省的改革进度和要求基本匹配。2016 年，中央财政投入资金 13.46 亿元，较 2015 年减少了 63.95%（见表 6）。其中，湖南、浙江两省中央财政投入资金均为零。

省级投入国有林场改革资金共计 11.92 亿元，较上年度（11.60 亿元）略有增长。广东、吉林、江西省级投入较大，广东省安排省级改革补助资金 4.1 亿元，吉林省安排国有林场改革专项资金达 2 亿元，江西省级投入国有林场基础设施建设专项资金超过 2 亿元。

市县级投入国有林场改革资金共计 6.47 亿元，较 2015 年（15.32 亿元）减少 57.75%，仅河北、福建、广东三省新增市县级投入资金。湖南、江西两省因是第一批全面铺开的改革试点省份，2015 年已基本完成职工安置补偿（由地方财政负总责）部分的主体改革，所以 2016 年地方财政资金投入明显减少，也在一定程度上拉低了平均值。

2016 年，94 个监测林场的财政拨款比例较上年度由 60.31% 提高到 65.60%，财政拨款进度也由 92.63% 提高到 98.65%，整体呈现稳中有增的态势。在财政拨款比例方面，2016 年，拨款比例较高的是甘肃（90%）与山东（86.88%），其次是四川（72.50%）、河

表 6　2015 ～ 2016 年各级财政投入林场改革资金情况（万元，%）

省份	中央财政投入资金			省级配套资金			市县投入改革资金		
	2015	2016	增长率	2015	2016	增长率	2015	2016	增长率
河北	5216	13769	163.98	5000	5465	9.30	0	1200	—
吉林	55000	10000	-81.82	10050	20050	99.50	0	0	—
浙江	5817	0	-100	9397	6100	-35.09	18368	24710	34.53
福建	25525	24812	-2.79	11500	10000	-13.04	0	1000	—
江西	14312	13036	-8.92	6650	20133.8	202.76	55700	17472.4	-68.63
山东	0	1799	—	6220	6070	-2.41	8600	17000	97.67
湖南	170100	0	-100	13470	6190	-54.05	70000	0	-100
广东	37257	37257	0	52014	41000	-21.18	0	3350	—
四川	0	20000	—	720	4200	483.33	560	0	-100
甘肃	60000	13890	-76.85	1000	0	-100	0	0	—
合计	373227	134563	-63.95	116021	119208.8	2.75	153228	64732.4	-57.75

北（70%）、湖南（68.78%）与浙江（68.75%），再次是广东（56.29%）、江西（54.37%）、福建（31%）与吉林（12.98%）（图 2）。在财政拨款进度方面，2016 年，河北、吉林与浙江等 8 省均实现了财政拨款 100% 到账；虽然湖南与广东两省未实现 100% 到账，但其拨款进度较上年均有提高，目前已经接近 100%（图 3）。

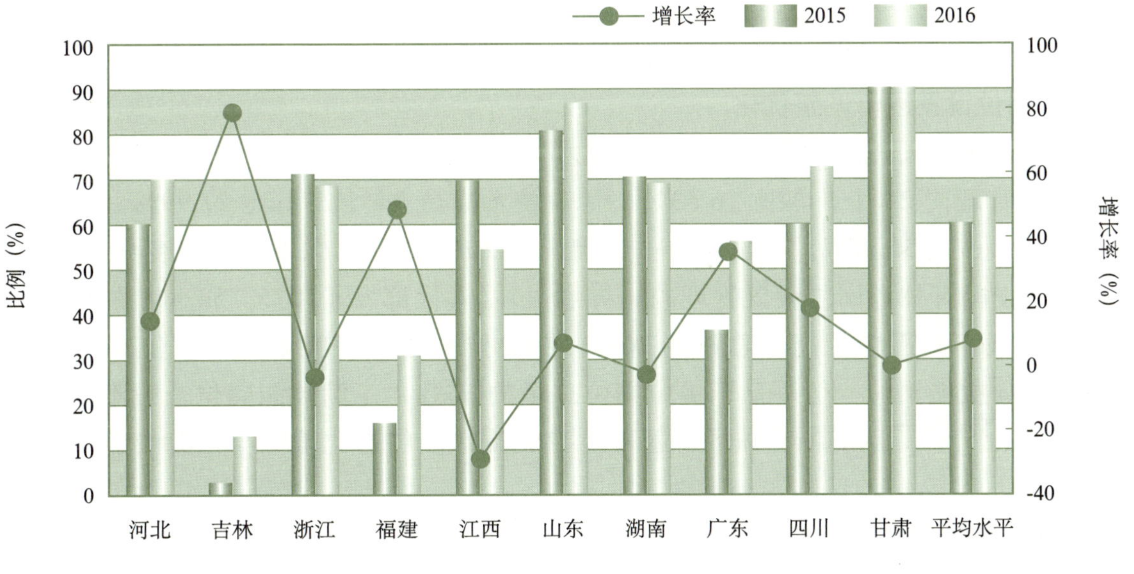

图 2　2015 ～ 2016 年样本林场财政拨款比例对比

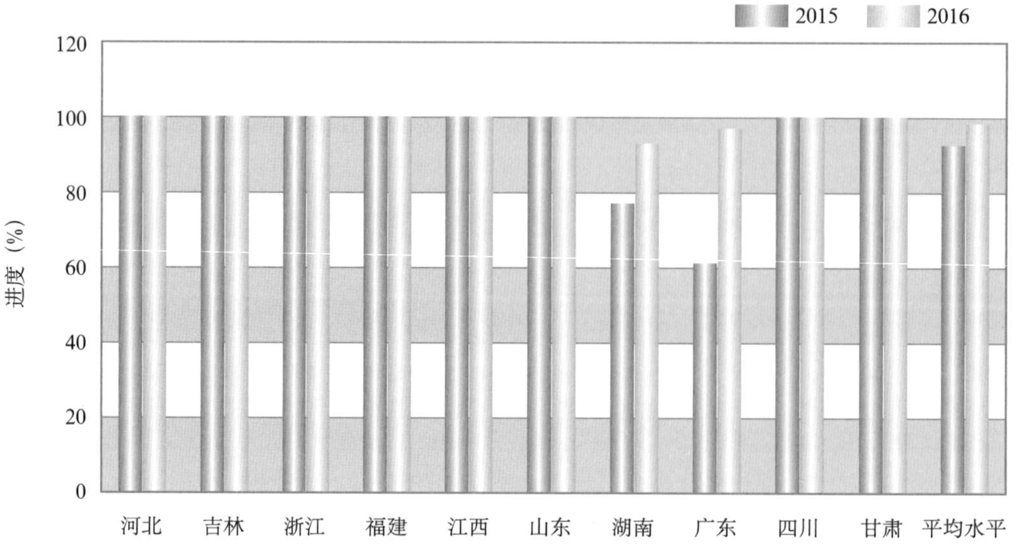

图 3 2015 ～ 2016 年样本林场财政拨款进度对比

（三）经营机制创新情况

各省区经营机制创新立足于营造林场改革内外部激励机制，努力解决职工最关心、最直接、最现实的利益问题，充分调动职工与聘用人员的积极性、主动性和创造性，不断增强保护培育森林资源的能力。具体表现在如下几个方面：

1. 政府购买服务减少

监测数据反映，2016 年，平均每个样本林场通过政府购买公益林管护服务方式委托的管护任务由 6.09 万亩减少到 3.87 万亩，减幅为 -36.38%；经费开支由 72.85 万元减少到 61.54 万，减幅为 -15.53%。减少的主要原因：一是林场通过改革解决了职工编制，稳定了职工队伍，导致通过市场方式外包公益林管护任务的必要性有所下降；二是林场资金来源渠道趋紧，缺乏足够资金以购买服务。

2. 岗位设置逐步调整优化

林场将工作岗位划为管理岗、专业技术岗与工勤技能岗三类。2016 年，平均每个样本林场管理岗 20 个，占比 16.53%；专业技术岗位 34 个，占比 27.99%；工勤技能岗位 68 个，占比 55.48%。三类岗位占比情况与 2015 年相比未发生明显变化（见表 7）。对比《关于国有林场岗位设置管理的指导意见》（人社部发〔2015〕54 号）的要求“管理岗位一般不高于单位岗位总量的 20%，专业技术岗位一般不低于单位岗位总量的 40%，专业技能岗位一般不低于单位岗位总量的 35%，工勤技能岗位一般不高于单位岗位总量的 5%”，目前各省林场普遍存在专业技术岗位占比偏低与工勤技能岗位占比偏高问题。

监测 10 省样本林场岗位设置相对上年均出现了不同程度的变化，其中四川与浙江两省岗位设置变化最为明显，两省均实现了管理岗和专技岗的比例提高，工勤岗比例降

表 7　各省样本林场岗位设置变化情况

省份	岗位类别	2015		2016	
		人数	占比（%）	人数	占比（%）
河北	管理	15	16.49	15	16.09
	专技	20	21.26	20	21.52
	工勤	57	62.26	57	62.39
吉林	管理	24	21.01	24	21.57
	专技	23	20.76	24	21.44
	工勤	65	58.23	64	56.99
浙江	管理	37	27.72	33	31.32
	专技	49	36.45	41	38.79
	工勤	48	35.83	31	29.89
福建	管理	6	7.21	6	7.12
	专技	29	32.85	27	33.10
	工勤	53	59.94	48	59.79
江西	管理	22	14.36	20	12.40
	专技	47	31.24	49	30.28
	工勤	83	54.40	93	57.32
山东	管理	34	21.60	37	22.28
	专技	42	26.66	45	27.02
	工勤	81	51.75	84	50.70
湖南	管理	14	13.72	14	13.30
	专技	23	22.79	21	19.79
	工勤	64	63.50	70	66.91
广东	管理	19	31.90	18	28.53
	专技	17	28.30	20	31.63
	工勤	23	39.79	26	39.84
四川	管理	12	8.65	16	10.60
	专技	45	31.64	58	37.61
	工勤	85	59.70	80	51.79
甘肃	管理	19	13.74	18	13.82
	专技	29	20.67	29	21.93
	工勤	92	65.59	86	64.25
均值	管理	20	16.58	20	16.53
	专技	33	26.98	34	27.99
	工勤	68	56.44	68	55.48

低，整体趋于符合《关于国有林场岗位设置管理的指导意见》的要求。各省正在探索优化林场人才结构，力争为未来林场现代化建设奠定人才基础。

3. 在岗职工培训力度加强

2016 年，样本林场平均培训 126 人次，同比增加 6.54%。从实地调研了解到，目前培训对象集中在林场管理岗与工勤岗人员，培训内容以林业政策法规、政治学习、林场管理与森林消防为主；而专业技术岗位人员缺乏专业技术培训机会，迫切需要营造林、森林经营和管护、应急救援、林木种苗繁育、有害生物防治与财务会计等方面的培训。

分省看（图 4），2016 年培训次数较多的省份是浙江（305 人次）、福建（295 人次）、吉林（249 人次），其次是甘肃（159 人次）、江西（95 人次）与山东（67 人次），再次是湖南（59 人次）、四川（57 人次）与河北（10 人次）。与上一年相比，培训次数增加的省份是吉林、江西、湖南、广东、浙江、福建，保持不变的省份是河北，下降的省份是四川、甘肃与山东。

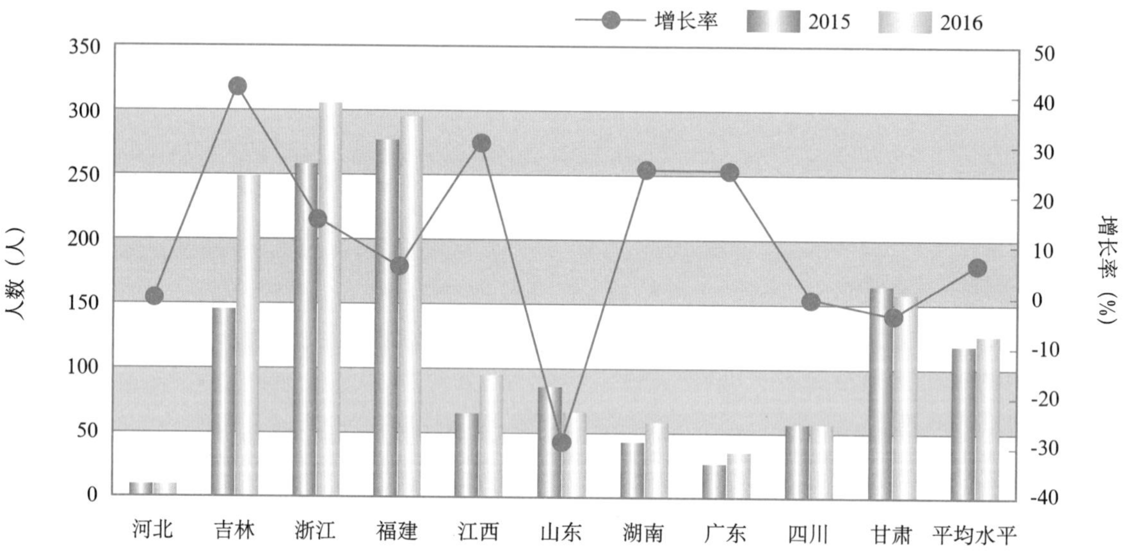

图 4　2015 ~ 2016 年样本林场培训人次均值对比

4. 公开招聘人数占比提高

近年来，样本林场不断探索新进人才方式，选人用人方式日益多样化，涵盖了政策性安置、上级任命与公开招聘三大类。2016 年，样本林场平均新进人员由 2015 年的 1.92 人增至 2.31 人，增幅为 16.89%（图 5）。在 3 种新进人员方式中，公开招聘与政策性安置人数呈增多趋势，其他方式招聘人数呈减少趋势。

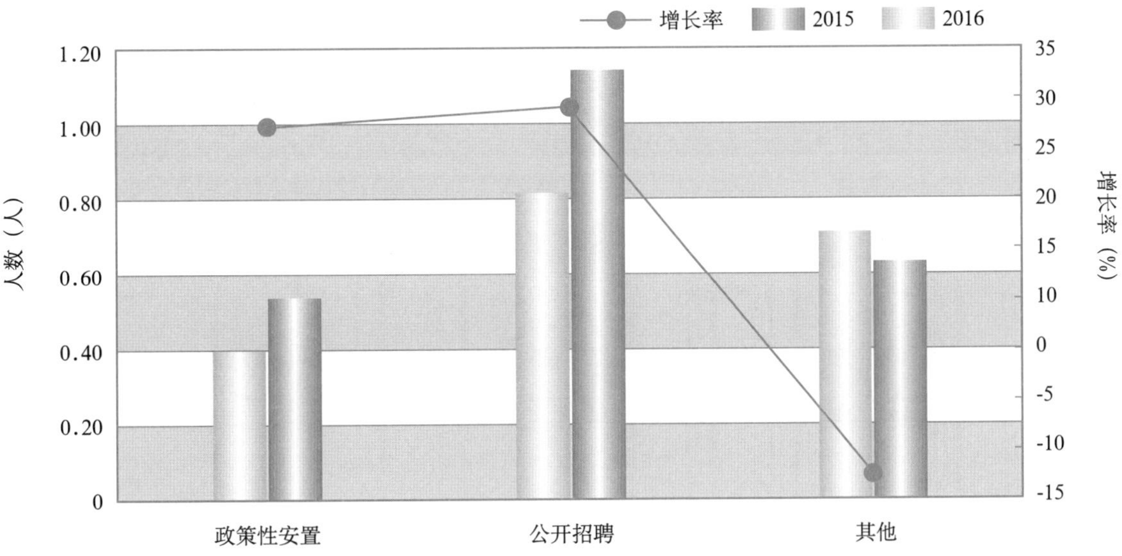

图 5　2015 ～ 2016 年样本林场新进人员情况对比

（四）民生改善情况

2016 年国有林场改革带来的民生改善主要体现在工资性收入提高、工资外收入大幅增长、社保金额增长、富余人员安置多样化、贫困林场得保障、林场基础设施得改善和职工满意度提高六个方面。

1．职工收入水平提高，工资外收入大幅增长

（1）**工资收入水平提高，但增速放缓。**如表 8 所示，2016 年样本职工平均到手实际工资收入为 52590.04 元，较 2015 年（42144.41 元）增长了 24.79%。除四川省外，其余 9 省样本职工工资水平较 2015 年均有所提高，其中浙江省样本职工工资水平最高，个人实际到手工资为 8.3 万元，工资性收入高达 13.46 万元；湖南省样本职工平均工资水平最低，实际到手工资仅有 3.03 万元。河北省样本职工个人实际到手工资的增长率最

表 8　样本职工工资收入变化情况（元，%）

省份	个人实际到手工资收入				2016年工资性收入
	2015	2016	2016年增长率	2015年增长率	
河北	33253.61	49139.77	47.77	16.98	48018.70
吉林	23130.61			20.91	41193.24
浙江	75769.19	83033.08	9.59	9.77	134577.68
福建	49366.96	55987.53	13.41	14.91	96986.22
江西	32231.52	34413.73	6.77	12.62	60758.52
山东	52858.23	61099.37	15.59	24.44	102583.24

（续）

省份	个人实际到手工资收入				2016年工资性收入
	2015	2016	2016年增长率	2015年增长率	
湖南	29966.47	30333.4	1.22	30.32	50790.70
广东	60866.24	67209.55	10.42	18.91	104775.06
四川	44185.57	43868.19	-0.72	23.62	64843.04
甘肃	41294.2	48225.77	16.79	12.1	68648.83
总计	42144.41	52590.04	24.79	17.88	77317.52

高，达47.77%，湖南省最低，仅有1.22%；而四川省作为唯一一个收入下降的省份，样本职工个人实际到手工资比2015年下降了0.72%。2016年河北和甘肃两省个人实际到手工资增长率达到了比去年更高的水平，其余7个省的增长率均有不同程度的下降[1]。

（2）**工资外收入大幅增长，外出务工为主要渠道**。2016年监测10省共有171个职工家庭有工资外收入，占总样本的13.72%，年均工资外收入为2.40万元，较2015年增长了7倍多，工资外收入的来源渠道主要是外出务工收入，其次为农林经营性收入、服务类收入、财产性收入等。其中，河北、浙江、江西和山东4省监测职工在2015年并未有工资外收入，2016年开始通过外出务工、农林业经营服务以及服务类经营获得工资外收入。具体来看，河北省有4.42%的样本职工有工资外收入，均值为3万元，全部来自外出务工收入；浙江省有16.67%的样本职工有工资外收入，均值为3.62万元，主要来自外出务工收入，其次为财产性收入和农林业经营收入；江西省有5.24%的样本职工有工资外收入，均值为3.08万元，主要来自外出务工收入，其次为服务类收入；山东省有7%的样本职工有工资外收入，均值为2.17万元，主要来自外出务工收入，其次为农林经营性收入。

从增长幅度来看，福建和广东两省监测职工的工资外收入增长最多，均比上年增长了11倍，其次为四川和甘肃，增长了6倍多，最后为吉林省也增长了近4倍。具体来看，福建省仅有2.82%的样本职工有工资外收入，均值为6.00万元，主要来自外出务工收入和财产性收入；广东省4.95%的样本职工有工资外收入，均值为2.25万元，来源渠道主要为财产性收入、农林经营服务和外出务工收入；四川省为8.04%，均值为2.69万元，来源渠道主要为外出务工收入、服务类经营收入、财产性收入和农林经营服务，是工资外收入渠道较多的一个省份；甘肃省为19.38%个，均值为2.02万元，来源渠道主要为外出务工收入、服务类经营收入、财产性收入、农林经营服务和转移性收入，也是工资外收入渠道较多的一个省份；吉林省为32.28%，均值为0.82万元，主要来自外出务工收入，其次为农林业经营收入；湖南省为40.57%，均值为3.36万元，主要来自外出务工收入，其次为农林经营性收入、服务类收入和财产性收入。

1. 吉林省缺乏职工实际到手工资数据。

表 9　样本职工工资外收入变化情况（元，%）

省份	2015	2016	增长率
河北	0	30000.00	—
吉林	1673.85	8225.00	391.38
浙江	0	36181.82	—
福建	4913.045	60000.00	1121.24
江西	0	30800.00	—
山东	0	21714.29	—
湖南	12012.00	33647.00	180.11
广东	1862.13	22472.60	1106.82
四川	3454.62	26906.25	678.85
甘肃	2987.63	20172.01	575.18
总计	2986.07	23967.15	702.63

2．社保覆盖面基本稳定，保险金额持续增长

2016 年样本职工养老保险参保率有所增长，医疗保险的参保率略有降低，但城镇职工型医疗保险比例进一步提高。

（1）养老保险。2016 年样本职工参加养老保险人数占比较上年度由 93.95% 提高到 95.26%（表 10），人均缴纳养老金由 3536.82 元增长到 4621.06 元，增长了 30.66%（表 11），其中企业型保险占比由 47.85% 略微上升到 48.36%，事业型保险占比由 52.06% 降低到 50.63%（表 10）。

2016 年监测 10 省的参保率，除浙江和四川两省外，其余 8 省较上年均有所提高，其中福建和山东二省的养老参保率均达到了 100%，其次为江西（99.19%）、湖南（99.06%）、四川（98.49%）、浙江（98.48%）、广东（94.06%）、甘肃（93.13%）、河北和吉林两省的参保率较低，分别只有 85.29% 和 80.31%。河北、山东、福建、浙江、甘肃和湖南 6 省样本职工养老保险的主要类型为事业型，其中河北和山东二省样本职工的养老保险全部为事业型，吉林、江西、广东和四川 4 省样本职工养老保险以企业型为主，吉林省样本职工 2015 年全部为企业型养老保险，2016 年通过改革有 8% 的样本职工转变为事业型养老保险。

养老保险缴纳金额浙江省最高，达到 8313.90 元 / 年，其次为山东（5391.50 元 / 年）、福建（5079.50 元 / 年）、河北（4762.70 元 / 年）、四川（4720.64 元 / 年）、甘肃（4625.89 元 / 年）、广东（4372.00 元 / 年）、湖南（3472.83 元 / 年）、吉林（2844.38 元 / 年）、江西（2627.27 元 / 年）；除吉林省外，其他 9 省样本职工缴纳的养老金都有不同程度的增长，浙江省增速最快，较 2015 年增长了一倍多；其次为河北省增长了 56.52%（表 11）。

表 10　各省养老保险参保率与保险类型变化情况（%）

省份	参保率			企业型			事业型		
	2014	2015	2016	2014	2015	2016	2014	2015	2016
河北	83.78	83.78	85.29	0.00	0.00	0.00	100.00	100.00	100.00
吉林	79.53	79.53	80.31	100.00	100.00	92.16	0.00	0.00	7.84
浙江	100.00	100.00	98.48	17.91	17.91	15.38	82.09	82.09	84.62
福建	95.83	100.00	100.00	1.43	2.78	1.41	94.44	97.22	98.59
江西	97.55	97.14	99.19	90.42	89.96	90.65	9.21	9.62	4.47
山东	92.72	93.38	100.00	0.00	0.00	0.00	99.29	100.00	100.00
湖南	97.96	97.96	99.06	46.88	46.88	41.90	53.13	53.13	58.10
广东	93.75	93.75	94.06	51.11	51.11	53.68	48.89	48.89	46.32
四川	79.29	98.99	98.49	69.43	55.61	51.53	24.49	44.39	48.47
甘肃	89.44	91.93	93.13	34.72	33.78	33.56	63.51	66.22	66.44
总计	90.38	93.95	95.26	49.79	47.85	48.36	48.18	52.06	50.63

表 11　样本职工养老保险缴纳金额变化情况（元）

省份	2015	2016	增长率（%）
河北	3042.90	4762.70	56.52
吉林	3921.20	2844.38	-27.46
浙江	4124.52	8313.90	101.57
福建	4723.93	5079.50	7.53
江西	2360.61	2627.27	11.30
山东	4266.22	5391.50	26.38
湖南	2931.71	3472.83	18.46
广东	3608.40	4372.00	21.16
四川	3941.95	4720.64	19.75
甘肃	3418.43	4625.89	35.32
总计	3536.82	4621.06	30.66

（2）医疗保险。2016 年样本职工参加医疗保险人数占比由 97.13% 降低到 96.79%（表 12），人均缴纳医疗保险金由 887.49 元增长到 1311.85 元，增长了 47.82%（见表 13），其中城镇职工保险占比由 96.33% 上升到 97.68%，城镇居民保险参保占比由较 2015 年的 1.09% 增加到 2016 年的 1.66%；新农合保险参保占比由 2015 年的 2.02% 下降为 2016

表 12　各省医疗保险参保率与保险类型变化情况（%）

省份	参保率			城镇职工医保		
	2014	2015	2016	2014	2015	2016
河北	97.30	97.30	100.00	86.11	100.00	85.29
吉林	89.76	89.76	77.17	80.70	86.84	93.88
浙江	100.00	100.00	98.48	100.00	100.00	98.46
福建	97.22	100.00	100.00	94.29	100.00	100.00
江西	94.29	94.29	99.60	98.70	96.10	95.95
山东	99.34	100.00	100.00	100.00	100.00	100.00
湖南	97.96	97.96	99.06	100.00	100.00	99.05
广东	93.75	94.79	95.05	100.00	100.00	100.00
四川	79.80	99.49	98.49	100.00	100.00	100.00
甘肃	99.38	100.00	100.00	99.38	100.00	100.00
总计	93.72	97.13	96.79	96.36	96.33	97.68

表 13　样本职工医疗保险缴纳金额变化情况（元）

省份	2015	2016	增长率（%）
河北	770.60	1088.98	41.32
吉林	1078.10	868.85	-19.42
浙江	993.10	1372.97	38.25
福建	1063.27	1161.18	9.21
江西	628.69	683.03	8.64
山东	927.29	1254.14	35.25
湖南	644.97	3472.83	438.45
广东	1263.25	1044.09	-17.35
四川	1002.01	1154.74	15.24
甘肃	757.41	1017.71	34.37
总计	887.49	1311.85	43.71

年的 0.66%。

分省来看，2016 年吉林、浙江和四川 3 省的参保率有所下降，尤其是吉林省降幅较大，从 2015 年的 89.76% 下降到 2016 年的 77.17%，浙江省从 100% 下降到 98.48%，四川省从 99.49% 下降到 98.49%；福建、山东、甘肃以及河北 4 省的参保率都达到了

100%，其中福建、山东和甘肃3省继续保持100%的参保率，河北省参保率由2015年的97.30%增长到2016年的100%；江西、湖南和广东3省参保率也有不同程度的增长，分别增长了5个百分点、1个百分点和0.3个百分点。从医疗保险类型来看，福建、山东、广东、四川和甘肃5省的样本职工医疗保险全部为城镇职工医保，河北、吉林、浙江、江西和湖南5省有城镇居民保险类型，新农合保险仅存在于河北和吉林2省。

从样本职工缴纳的医疗保险金额来看，湖南省样本职工医保金额缴纳的最多，为3472.83元，其次为浙江（1372.97元）、山东（1254.14元）、福建（1161.18元）、四川（1154.74元）、河北（1088.98元）、广东（1044.09元）和甘肃（1017.71元），吉林和江西2省样本职工缴纳的医保金较少，分别为868.85元和683.03元。从医保金年度增减情况来看，除吉林和广东2省样本职工缴纳的医保金表现出减少外，其余8省都有所增长，尤其是湖南省，增长了将近4倍，其次为河北（41.32%）、浙江（38.25%）、山东（35.25%）、甘肃（34.37%），再次为四川（15.24%），福建和江西2省增幅最小都在10%以下，分别为9.21%和8.64%。

3．政府购买服务安置富余人员占主流，职业技能培训效果显现

2016年，已完成改革的省份，如湖南、江西省等除了退休等自然减员外，还大力发展森林旅游等产业来安置富余职工。正在改革筹备过程中的吉林省在改革方案中制定了5年的过渡期，主要通过自然退休、提前退休以及内部退养政策自然减员。就监测结果来看，由于2016年样本林场安置富余职工总人数较上年减少了286人，所以各种方式安置的富余职工人数绝对值均有所下降，但占总安置人数的比例与2015年变化不大。2016年政府购买服务仍是安置富裕职工的主要方式，全年安置富余职工571人，占安置总人数的50.85%，较2015年（807人，57.27%）略有下降。2016年林场提供特色产业岗位安置职工122人，占安置总人数的10.86%，同样较2015年（188人，13.34%）有所下降。2016年林场通过有针对性的职业技能培训引导部分职工转岗就业人数39人，较2015年（14人）有大幅提高，改革中人力资源建设的成效已开始显现。此外，2016年通过内部退养、提前退休以及自愿解除合同3种方式安置富余职工391名，此3种安置方式合计占比连续3年减少（2014年66.45%，2015年34.84%，2016年28.39%），说明林场改革的人员安置方式趋于合理化和人性化。

4．贫困国有林场扶贫资金有保障，项目安排多样化

2016年，监测省份在获得中央贫困国有林场扶贫资金的基础上，积极安排配套资金和自筹资金，用于贫困林场扶贫工作。如山东省在中央安排国有林场扶贫资金1799万元的基础上，省级配套1050万元，共安排扶贫资金2849万元，解决了57个国有林场通路、吃水、用电及林场办公条件困难等问题。广东省在中央安排国有林场扶贫资金1638万元的基础上，自筹资金662万元，共安排扶贫资金2300万元，用于21个贫困林场的脱贫工作。四川省在中央仅安排国有林场扶贫资金596.8万元的基础上，省市县配套2400万元，林场自筹195万元，共计3191.8万元用于贫困国有林场扶贫工作。

各省除了改善林场基础设施外，还大力推进扶贫产业发展，尤其是速生丰产林、林下经济以及森林旅游等成为扶贫的主要项目。2016年，河北省安排扶持贫困林场29个，落实危房改造项目16个，危房改造面积5446.7平方米，修断头路项目12个，修路32.55公里，打饮水井3眼。吉林省扶持贫困林场46个，新增贫困林场扶贫资金1000万元。福建获得国有贫困林场中央财政资金1178万元，支持林区道路硬化项目2个，生产用房、水、电等基础设施建设项目6个，扶持产业发展项目包括速生丰产林建设、珍稀树种培育、苗圃建设以及森林旅游项目。江西省获得国有贫困林场中央财政资金2632万元，主要用于水、电、路等基础设施建设。甘肃省落实中央财政国有贫困林场扶贫资金2136万元，对44个国有林场扶贫开发项目进行了扶持，包括新建和维修贫困林场场部、管护站及职工危旧房9235.8平方米；硬化院坪3390平方米，硬化道路8千米，修建围墙866米，建设供暖设施7处；新建、维修林区道路及防火通道117.3千米，修筑水毁堤坝和水渠180米，修建桥梁2座；铺设输供水管道9.5千米，蓄水池4个；新建和改造输电线路11.7千米，配置供电设备2套。此外，还大力推进苗圃建设。

5．林场基础设施建设改善，但仍存在安全生产隐患

国有林场改革后，中央重视加强国有林场基础设施建设，要求将国有林区水、电、路、房、广播电视等基础设施建设纳入相关专项规划逐年安排实施。2015～2016年，有基本建设投入的样本林场数量从54个减少到51个，但样本林场基本建设投入平均值有了明显增加，由267.66万元增至302.08万元。山东、江西等第一批改革试点省已在2014年就将国有林场基础设施建设纳入了地方经济社会建设计划，有效缓解了林场道路、办公场所、水电、通讯、广播电视等“最后一公里”问题，饮用水达到国家安全标准。

2016年，河北、山东、江西等省实施棚户区和危旧房改造工程，职工住房条件大幅改善，实现了林场职工“林区一张床安心生产，城里一套房安居乐业”。但是很多林场工区管护用房老旧的问题仍未解决，存在一定安全隐患。浙江省自改革以来，累计投入8.38亿元用于国有林场危旧管护房改造、道路建设、饮用水安全等基础设施建设。完成职工危旧房及配套基础设施改造和建设5159户，新（修）建道路614千米，新（修）建管护用房8.6万平方米，实现通场公路全部硬化，万亩以上林区通达，基本解决饮水安全问题。福建省将35.32%的国有林场道路（629千米）纳入了农村公路网规划。甘肃省加快建设公租房，确认1189户建设任务，并下达公租房专项补助资金3384万元。山东省新建林区道路299.1千米，解决饮水安全和饮水困难人口数3581人，新建电力设施里程74.09千米。广东省全年解决饮水安全和饮水困难1.7万人，电力建设149千米，建设林区公路501千米，并对1078个管护站点进行摸底调查，为下一步开展管护站点新建改造工作打好基础。四川省国有林场危旧房改造项目深入实施，完成新建及维修改造1259户，全年建设林区道路363.12千米，解决饮水安全和饮水困难人口1024人，建设电力设施32.7千米。

6．职工改革满意度稳定，部分改革政策需求强烈

根据职工监测数据，2016年样本职工对改革的满意度为95.91%，较2015年满意度（93.06%）有所提升。分省来看，2016年四川和甘肃两省的样本职工对国有林场改革的满意度为 100%；其次为福建、湖南和广东 3 省样本职工对改革满意度都达到了 97%；再次为山东、江西和吉林 3 省，样本职工对改革满意度处在 90% ～ 95% 范围内；最后是浙江和河北两省样本职工对改革满意度处在 85% ～ 90% 之间，其中河北省满意度最低。

从改革满意度提升程度来看，河北、江西、山东、湖南、广东、四川和甘肃 7 省样本职工对改革的满意度较去年有所提升，尤其是广东省满意度从 2015 年的 80.23% 增长到 2016 年的 97.03%，满意度提升了 21%，虽然河北省样本职工对改革的满意度是监测 10 省中最低，但是职工对满意度的提升幅度达到了 4.25%，是仅次于广东省满意度提升幅度第二的省份。吉林、浙江和福建 3 省样本职工对改革的满意度较 2015 年有所下降，尤其是吉林省满意度下降了 7.09%（表 14）。

表 14　样本职工对改革的满意度变化情况（%）

省份	2014	2015	2016
河北	100	81.82	85.29
吉林	100	100	92.91
浙江	89.55	89.55	89.39
福建	98.59	98.63	97.18
江西	92.89	92.05	94.76
山东	94.38	94.44	95.00
湖南	95.77	94.85	97.17
广东	80	80.23	97.03
四川	96.43	98.81	100.00
甘肃	99.29	99.29	100.00
合计	94.14	93.06	95.91

2016 年样本职工对改革的政策需求主要集中在提高工资、定编定岗以及加大林场基础设施建设等方面，此外对于提前退休、加强职工技能培训也有较强烈的需求。吉林省对于降低社保缴纳金额具有强烈的需求。山东省样本职工希望能够进一步丰富职工的业余文化生活。改革起步较早的省份，如江西和湖南 2 省样本职工希望加强政策的执行力度，尽快落实改革政策，保证政策的延续性，其中江西省对于编制落实到人的有最为强烈的需求。

（五）解决历史遗留问题

国有林场历史遗留问题主要集中在债务和办社会职能两个方面。债务来源按照债务形式分为金融类债务和非金融类债务；债务用途包括森林经营、森林管护、发展产业、解决职工工资和社会保障以及其他等几个方面。随着改革的推进，国有林场逐步剥离了社会职能。

1．林场债务总量降幅明显，但仍较为普遍

监测的94个样本林场中，有48个国有林场存在不同程度的债务问题，占林场总数的52.7%，较2015年减少了3个。

从总体债务看：2016年样本林场债务下降了53.32%，其中森林经营债务下降30.20%，森林管护债务下降32.78%，解决职工工资及社会保险的债务下降81.20%，其他债务下降37.89%，仅产业发展债务增加了17.07%（图6）。

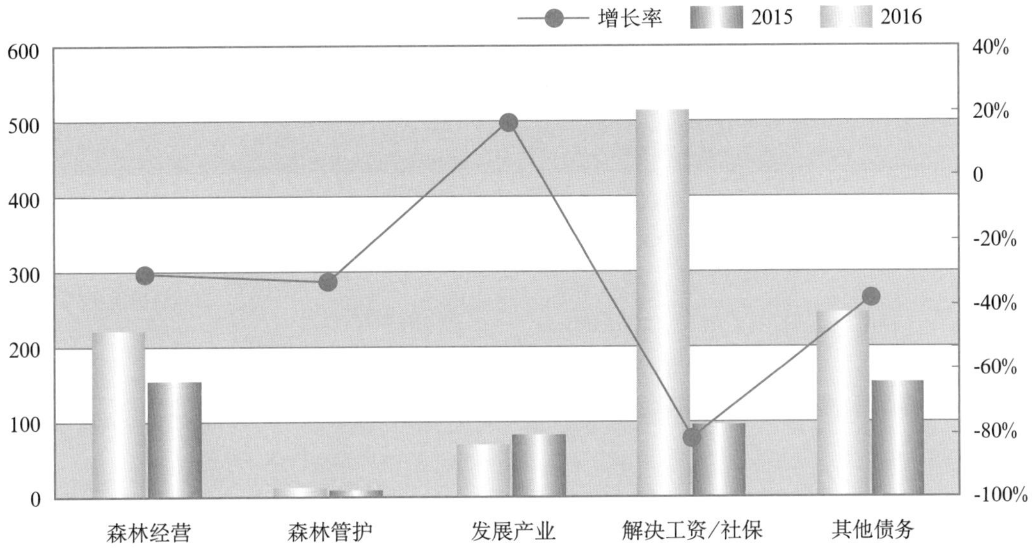

图6　2015～2016年样本林场各类债务均值及增长率对比（万元）

从债务结构看：在债务用途分类中，2016年与2015年占比分配差异较大，2015年债务占比最多的是解决职工工资和社保债务，但2016年这一占比明显减少（图7）。可见国有林场主管部门及当地政府等在2016年对国有林场改革工作投入较大力量，解决最多的问题是保障民生的问题。相反2016年森林经营和其他债务合计超过60%，较2015年（合计44%）有明显提高。其他债务包含基础设施建设、珍贵树种培育等，由于林场在改革中发生了职能转型，因此更加注重在森林经营和其他方面的资金投入。2年间森林管护债务有增加，但相对占比较少，一方面由于管护任务多由职工自身完成，另一方面反映管护工作投入有限。2016年，产业发展债务占比增加，从2015年的7%提升到了2016年17%，可见各林场在谋新型发展的道路上都在不断地探索。

分省来看，对比2015年及2016年各省样本林场平均债务发现，河北、吉林、江西、广东、甘肃债务减少；浙江、福建、山东、湖南及四川债务增加（图8）。

吉林、江西、山东和四川4省选取的样本林场中大部分存在债务问题（表15）。其中，

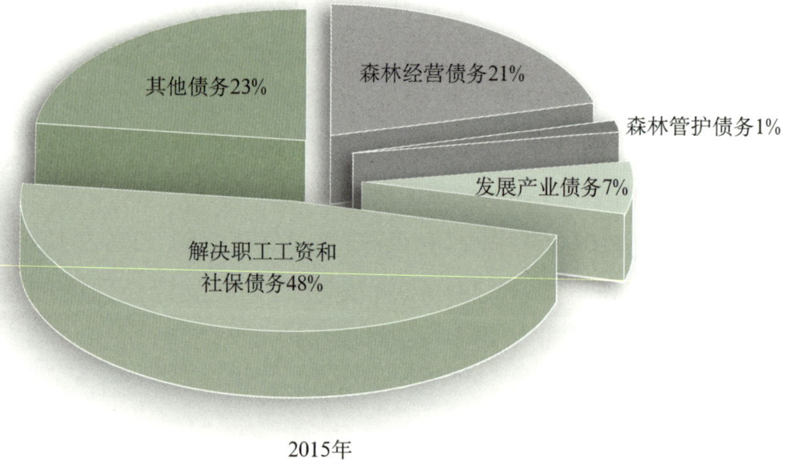

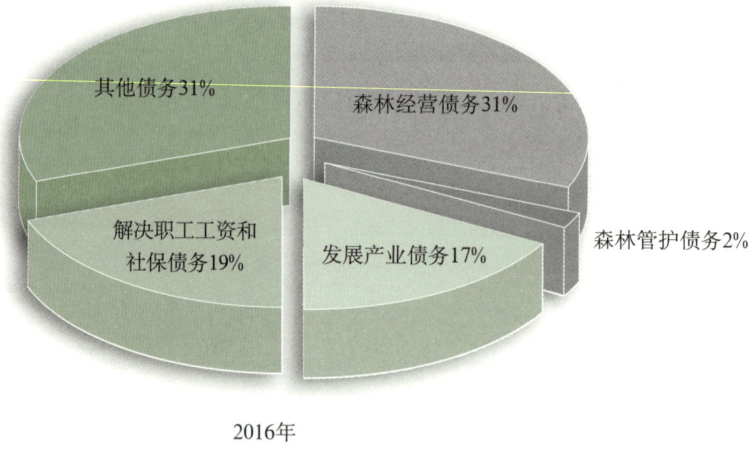

图 7 2015 ～ 2016 年林场各类债务结构对比

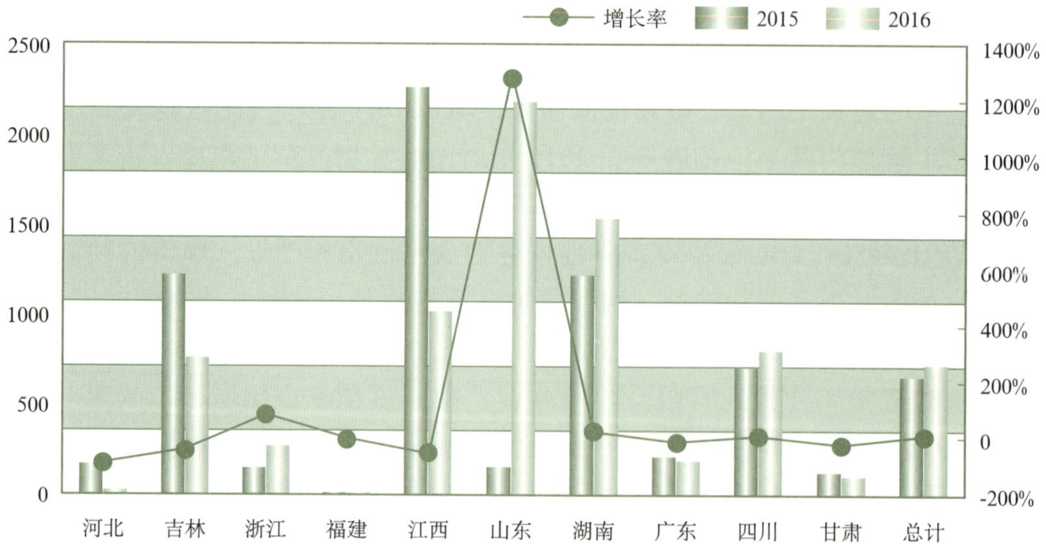

图 8 2015 ～ 2016 年各省林场平均债务对比（万元）

表 15　2015 ～ 2016 年各省林场平均债务变化情况（万元，%）

省份	各省样本林场平均债务		
	2015	2016	增长率
河北	165.17	27.86	-83.13
吉林	1220.93	760.21	-37.73
浙江	146.67	269.60	83.82
福建	6.15	6.41	4.11
江西	2258.82	1013.76	-55.12
山东	157.50	2182.64	1285.83
湖南	1217.10	1536.12	26.21
广东	210.49	189.91	-9.78
四川	706.63	800.19	13.24
甘肃	126.64	101.54	-19.81
总计	655.07	722.40	10.28

2016 年吉林省 8 个样本林场中 5 个存在债务问题，较 2015 年减少 2 个，且总体债务减少，其中辉南森林经营局债务总额从 2015 年的 8920 万元，减少到 2016 年的 2848.6 万元，但仍有 3 个林场有超过 1000 万元的债务，由于吉林省改革中定性企业较多，而大部分森林为公益林，商品林长期得不到培育，很多林场长期无法支持足额发放工资，2015 年启动改革以来，吉林省各个林场在各方财政的支持下解决了部分林场债务。2016 年江西省 11 个样本林场中有 10 个存在债务问题，但从图 8 中可以看出，江西省债务减少幅度非常大，其中景德镇市枫树山林场债务总额由 2015 年的 19400 万元降到 2016 年的 2075 万元；债务用途也发生明显变化，占比最大的从职工工资和社保转变为森林经营债务，表明随着改革深入推进，部分林场遗留的职工工资和社会保障问题已经得到妥善解决；江西省全省共计 5 个样本林场债务总额超过 1000 万元，较 2015 年减少 1 个，债务形成原因多于吉林省类似。2016 年山东省债务增长明显，全省 10 个样本林场中有 6 个存在不同程度债务问题；债务增长主要集中在泰安市泰安徂来山林场，2016 年其债务主要集中在其他债务，金额达到 10400 万元；全省超过 1000 万债务的有两家林场。2016 年四川省 9 个样本林场中 6 个存在债务问题，其中有 3 个林场超过 1000 的债务，最主要的债务集中在解决职工和社会保障债务中，这与 2015 年四川省刚启动国有林场改革有关。湖南省债务主要集中在郴州市苏仙区五盖山林场，虽然较 2015 年该林场债务有所降低，但 2016 年仍然高达 11410 万元，湖南省超过 1000 万元债务的林场共计 2 个，债务情况变化不大。其余几个试点省份中超过 1000 万元债务的林场有：广东 1 个（惠州市象头山林场）甘肃省 1 个（小陇山林业实验局党川林场）。

2．林场办社会职能基本剥离，但仍难根除

在2016年监测的94个样本林场中，仍有10个林场存在办社会职能，占样本林场总数的10.6%，与2015年相同。监测的10省中，河北、福建、四川、湖南4省所有样本林场均已剥离办社会职能。2016年，93.62%的样本林场剥离了场办医院，仅有3个省的6个样本林场代管10个场办医院，比2015年减少1个；96.8%的样本林场剥离了场办学校，与2015年相同；95.74%的样本林场没有场带乡村。

2016年仍有部分省份的个别样本林场保留了部分社会职能。

办医院林场：吉林省1个（吉林省辉南森林经营局）、江西省1个（贵溪市双圳林场）、广东省1个（广东省连山林场）、甘肃省3个林场（甘肃省白龙江林业管理局洮河林业局大峪林场、甘肃省白龙江林业管理局迭部林业局腊子口林场、甘肃省白龙江林业管理局舟曲林业局憨班林场）共计保留了10个场办医院，其中吉林省辉南森林经营局有5个场办医院，其余样本林场均保留1个场办医院。

办学校林场：山东省1个（烟台市昆嵛山林场），甘肃省2个林场（甘肃省白龙江林业管理局迭部林业局腊子口林场、甘肃省白龙江林业管理局舟曲林业局憨班林场）保留了共计3个场办学校，与2015年相同。

带乡村林场：浙江省1个（温州市永嘉县四海山林场）、江西省1个（吉安市永丰县官山林场），广东省1个（广东省连山林场），甘肃省1个（甘肃省白龙江林业管理局迭部林业局腊子口林场）共计保留场带乡村19个，其中江西、广东的两个林场分别有1个场带村；浙江省温州市永嘉县四海山林场有2个场带村，甘肃省白龙江林业管理局迭部林业局腊子口林场有15个场带村，与2015年场带乡情况相一致。

（六）森林资源变化和产业发展情况

1．林场管护措施得力，林地资源得到保护

2016年，98%以上的样本林场建立了森林资源档案与森林资源管护责任制（见表16），与2015年基本持平。由于措施得当，样本林场基本没有发生重大火灾和乱砍滥伐现象。林地得到保护，并在一定程度上得到了改善，不过，仍存在少数林场林地被

表16　2016年样本林场森林资源保护变化情况

监测指标	统计指标	是	否	合计
有无建立森林资源的档案	样本数	84	2	86
	比例（%）	97.67	2.33	100
有无建立森林资源管护责任制	样本数	83	2	85
	比例（%）	97.65	2.35	100
有无重大火灾	样本数	2	71	73
	比例（%）	2.74	97.26	100

（续）

监测指标	统计指标	是	否	合计
有无发生乱砍滥伐现象	样本数	4	82	86
	比例（%）	4.65	95.35	100
有无发生违法违规流转林地	样本数	3	79	82
	比例（%）	3.66	96.34	100
有无发生林地被非法调拨	样本数	0	81	81
	比例（%）	0	100	100
有无发生林地被非法占用现象	样本数	6	71	77
	比例（%）	7.79	92.21	100
有无林权纠纷	样本数	8	51	59
	比例（%）	13.56	86.44	100
有无发生林地被村集体、农民等非法侵占现象	样本数	4	62	66
	比例（%）	6.06	93.94	100

村集体、农民非法侵占的现象。2016 年，发生林地被征占用以及被村集体、农民非法侵占的林场分别占样本林场总数的 7.79%、6.06%，比 2015 年的 11.36% 和 13% 有所改善；另外，林权纠纷发生率为 13.56%，比 2015 年略有增长。从面积上来看，2016 年 94 个监测林场林地被非法征占用总面积 0.08 万亩，比 2015 年（0.29 万亩）减少了 0.21 万亩；被村集体、农民非法侵占总面积 1.32 万亩，比 2015 年（1.63 万亩）减少了 0.31 万亩。

2．样本林场林地面积与森林蓄积量变化不大

2016 年样本林场林地总面积 2165.25 万亩，比 2015 年减少了 30.31 万亩，减幅 1.38%；公益林面积 1375.99 万亩，较 2015 年（1384.79 万亩）基本持平。除江西、山东、湖南、广东 4 省样本林场森林面积略有增长外，其他省份均略有下降，其中甘肃样本林场林地面积减少了 23.65 万亩（表 17）。2015 年样本林场公益林面积福建、江西、广东、甘肃略有降低，山东增加了 7.98 万亩，其余省份几乎没有变化（表 18）。

从样本林场森林蓄积量看，2016 年各省样本林场森林总蓄积 9734.79 万立方米，比上年增加了 60.78 万立方米，增幅为 0.63%。从各省情况来看，2016 年，各省样本林场森林蓄积量除浙江、福建、四川、甘肃略有降低外，其余 6 省均呈现稳中有增的态势（表 19）。

从样本林场单位面积森林蓄积量看，2016 年，各省样本林场单位面积森林蓄积量除浙江、福建、四川 3 省略有减少，河北、吉林等 7 省份有所增加，说明森林质量是有所提升的（表 20）。

表 17　各省样本林场林地面积（万亩）

	河北	吉林	浙江	福建	江西	山东	湖南	广东	四川	甘肃
2015	65.99	235.51	97.9	60.85	232.61	50.93	116.81	57.46	203.85	1073.65
2016	65.98	218.96	97.89	59.35	233.77	56.83	119.37	58.88	204.22	1050.00

表 18　各省样本林场公益林面积（万亩）

	河北	吉林	浙江	福建	江西	山东	湖南	广东	四川	甘肃
2015	16.85	163.73	66.85	15.8	109.98	45.6	83.87	29.04	166.63	686.44
2016	16.85	163.73	66.83	13.67	96.81	53.58	83.87	28.42	166.65	685.58

表 19　各省样本林场森林蓄积量（万立方米）

	河北	吉林	浙江	福建	江西	山东	湖南	广东	四川	甘肃
2015	315.17	1517.24	671	464.01	1010.57	225.88	453.32	265.9	1473.99	3276.93
2016	323.17	1624.28	669.17	419.41	1031.67	273.55	549.57	275.92	1341.62	3226.43

表 20　各省样本林场单位面积森林蓄积量（立方米 / 亩）

	河北	吉林	浙江	福建	江西	山东	湖南	广东	四川	甘肃
2015	4.78	6.44	6.85	7.63	4.34	4.44	3.88	4.63	7.23	3.05
2016	4.90	7.42	6.84	7.07	4.41	4.81	4.60	4.69	6.57	3.07

3．林场生态功能总体增强，但均处于中等状态

评定林场森林生态功能时，按以下公式分别计算综合得分和森林生态功能指数 K。

综合得分计算公式：

$$Y=\sum_{i=1}^{8} W_i X_i$$

x_i 为第 i 项评价因子的类型得分值，等级 I、II、III 分别取值 1、2、3。W_i 为各评价因子的权重。$Y<1.5$ 为好，1.5 ～ 2.4 为中，>2.5 为差。

生态功能指数：$K=\dfrac{1}{\sum_{i=1}^{8} W_i X_i}$ 森林生态功能指数值 <=1，数值越近于 1，表明生态功能越好。

表 21 是利用样地调查数据，按照面积加权平均的算法，计算主要评价因子的得分值，以及生态功能总得分值和功能指数。

表 21　各省生态功能评价因子得分表

评价因子分值	森林蓄积量		森林自然度		群落结构		树种结构		植被总覆盖度		生态功能综合得分		生态功能指数	
省份	2015	2016	2015	2016	2015	2016	2015	2016	2015	2016	2015	2016	2015	2016
福建	1.60	1.56	1.70	1.60	1.70	1.60	2.70	1.70	1.50	1.60	1.70	1.60	0.56	0.62
甘肃	2.13	2.19	1.43	1.36	1.72	1.55	2.50	2.00	1.46	1.56	1.84	1.78	0.54	0.56
广东	2.10	2.37	1.65	2.00	2.09	2.03	2.30	2.03	1.53	1.58	1.88	1.98	0.53	0.50
河北	2.00	1.60	1.64	1.42	1.59	1.58	2.43	2.06	1.45	1.26	1.84	1.61	0.54	0.62
湖南	1.81	1.81	1.79	1.76	1.77	1.80	1.63	1.66	1.31	1.26	1.68	1.68	0.59	0.60
吉林	1.86	1.80	2.50	2.05	1.81	1.85	2.00	1.95	1.90	1.95	1.84	1.83	0.54	0.55
江西	1.86	1.91	1.68	1.43	2.00	1.89	2.45	2.34	1.36	1.20	1.85	1.77	0.54	0.57
山东	2.08	1.93	1.53	1.69	1.38	1.47	2.30	2.36	1.19	1.25	1.71	1.74	0.59	0.57
四川	1.89	1.90	1.86	1.96	1.86	1.79	2.32	2.61	1.55	1.71	1.85	1.93	0.54	0.52
浙江	1.73	1.67	1.93	1.95	1.43	1.43	2.19	2.14	1.48	1.48	1.71	1.69	0.59	0.59

从表 21 可以看出各省样本林场生态功能等级处于中级，生态功能较强的省份主要是福建、河北、湖南以及浙江省，这 4 省相比 2015 年生态功能有所增强，其他省份生态功能均有增强，除了广东、山东和四川 3 省稍有降低，可能是由于采伐及营造经济林的原因造成的。从蓄积量与树种结构得分变化可知，各省森林蓄积量逐渐增加，树种结构混交林比例增加，其中福建省森林蓄积量最大，尤其是树种结构等级分值由 2015 年的 2.7 降至 2016 年的 1.7，说明其间通过森林经营等人为措施着力调整树种结构，增加混交林比例。四川省由于果树林、化工原料林和薪炭林有所增加，其树种结构等级稍有下降。总之，从生态功能指数来看，各省样本林场生态功能整体增强，也有高低，但均处于中等状态，说明，各省在增强生态功能上还有很大提升空间，可以从提高森林蓄积、群落结构与树种结构方面着手，争取将生态功能得分值低于 1.5，生态功能等级由中变为好。

4．林场产值稳步增加，森林旅游迅速崛起

2016 年，样本林场木材采伐量（包括主伐和抚育采伐）由 31.14 万立方米增加到 39.61 万立方米，增幅 27.21%；样本林场第一产业产值平均值由 768.68 万元增至 2175.05 万元，增加 182.96%；第二产业产值平均值由 169.70 万元增至 1176.69 万元，增长 593.39%；第三产业产值平均值由 969.61 万元增至 1271.59 万元，增加 31.14%；第一产业位居首位，第三产业和第二产业产值始终位居第二和第三位，说明目前产业结构仍然以第一产业为主，但第三产业比例有所提升，产业结构将更加合理化。

具体来看，第一产业又包括林木育种与育苗、造林和更新、森林经营和管护、木竹材采运、经济林产业的种植与采集、其他六项，其中森林经营与管护、木竹材采运、造林更新三项位居前三位，平均产值分别为 1441.40 万元、336.43 万元、138.93 万元，占第一产业比重分别为66.27%、15.47%、6.39%。第三产业中，森林旅游平均值为119.19万元，占第三产业比重为9.37%，说明森林旅游将成为迅速发展的林业产业新形态之一。

5．财政投入基本稳定，社会资本开始进入

目前，国有林场改革资金的来源渠道主要是财政投入，部分林场有少量社会资本参与进来。2015～2016年，样本林场财政投入平均值由1065.33万元减少到1054.60万元，减幅1.01%，其中基本建设投入平均值由267.66万元增加到302.08万元，增幅12.86%。另外，2015～2016年社会投入平均值由0.05万元增加到52.32万元，增加的主要原因是湖南攸县黄丰桥林场于2016年凭借招商引资引入社会资本1988万元。

三、存在的问题

2016年度，监测10省国有林场改革工作进展顺利，然而在改革进展、资金支持、森林资源管护、职工收入增长和满意度方面依然面临着一些问题，主要表现在以下几个方面：

（一）部分省区、市县改革进度较慢

监测表明，四川省林场改革方案编制进度较慢，全省约20%的县级方案和40%的林场级方案还处于编制中，主要在定性、核编、人员分流和经费保障方面与政府相关管理部门存在分歧，进展不佳。四川省在化解林场债务方面的具体政策也尚未出台。2016年广东省有16个地级市上报了国有林场改革方案，尚有5个地级市仍未上报。

（二）资金短缺问题制约较大

随着绝大多数监测林场被定位为公益性事业单位，林场经费纳入财政预算，但是各省份的中央投入资金和市县级投入资金均比上年分别减少了63.95%和57. 75%。从市县投入国有林场改革资金来看，无论是数额还是覆盖面，均远低于省级及中央投入，市县财政筹措难度大，配套资金落实困难，尤其是吉林省地方财政压力大，导致改革资金缺口较大。尽管地方政府的财政支持力度和效率有所提升，但提升幅度很小且存在不均衡现象。财政拨款比例最低的吉林（12.98%）与最高的甘肃（90%）相差近77.02%，反映出不同地方省级政府对于林场的支持力度存在差异。与此同时，依然有部分省份如湖南与广东两省未实现财政拨款的100%到账。资金的短缺在一定程度上影响了部分林场的政府购买生态公益林管护、森林抚育等服务，如2016年用于政府购买公益林管护服务方式委托的管护任务经费开支由72.85万元减少到61.54万元，减幅为15.53%。

（三）森林资源管护难度加大

2015年有623个职工管护林地，占总样本1289个的48.33%，2016年有413个

样本职工管护林地，占总样本 1246 个的 33.15%，相比上年减少 210 人。监测林场职工人数的减少集中体现在管护人员的减少，如果按照每年 15.18% 的速度减下去，监测林场的管护人员的数量亟待补充。管护人员的减少导致人均管护森林面积大幅度增加，监测结果显示，2016 年平均管护面积为 3661.25 亩，比 2015 年的 2526.47 亩增长 44.92%，而广东和四川两省职工人均管护面积增长幅度高达 167.19% 和 207.21%。人均管护森林面积的骤增加大了森林资源管护任务，加之护林员匮乏且年龄偏大，且以人工巡山管护为主、先进林业监测技术设备普及率低，国有林场将面临森林资源管护不到位、覆盖面不全和信息反馈不及时等问题。2016 年监测结果表明，林场林地管护方面确实仍存在风险，其中发生重大火灾事故的比例为 2.74%，发生乱砍滥伐现象的比例为 4.65%，发生林地被村集体、农民等非法侵占的比例为 6.06%。未来林场的管护任务堪忧，不利于林场保护培育森林资源、维护国土生态安全和提供生态公益服务主要功能的实现。

（四）职工收入增长放缓且不均衡

2016 年职工个人实际到手工资有 9 个省份增加，但其中 7 个省的个人实际到手工资收入增长率相比 2015 年的增长率出现不同程度的下降，其中下滑最快是湖南，增长率从 2015 年的 30.32% 下降为 2016 年的 1.22%，四川省则由 23.62% 下降到 -0.72%，增长率的下滑速度之大需要引起高度重视。从职工的个人实际到手工资占工资性收入的比例来看，最高的是甘肃（70.25%），最低的是江西（56.64%），说明各省份的保险金缴纳存在差异，江西的保险负担较重。从样本职工对改革的政策需求来看，提高工资、降低社保缴纳金额均为需求较强烈的选项。

（五）部分省份职工改革满意度下降

7 省样本职工对改革的满意度较去年有所提升，但是吉林、浙江和福建 3 省样本职工对改革的满意度较 2015 年有所下降，尤其是吉林省满意度下降了 7.09%，其对于降低社保缴纳金额具有强烈的需求。除此之外，提高工资、定编定岗、加大林场基础设施建设、提前退休、加强职业技能培训等关乎职工切身利益的民生需求也呼声强烈，为国有林场改革提出了继续深化的方向。

四、政策建议

针对当前国有林场改革尚未解决的问题和面临的困境，应坚持有利于森林资源的保护和合理利用、有利于国有林场建设、有利于林场自身实力的不断增强、职工收入的不断增加和生活条件不断改善的原则，认真研究并组织实施好国有林场改革，促使国有林场又好又快发展。

（一）加强政策制度建设与施行

根据调查，大部分省份已经完成了国有林场改革的主体任务，在没有完成国有林场改革方案编写的广东省和四川省，下一步应加大出台综合指导性的改革文件以及与改革配套的政策法规的力度，以此规范改革运行，确保改革扎实推进。在此过程中，结合其他省的改革经验，要认真执行国有资产管理有关规定，严格纪律要求，防止国有资产流失。要依法保障林区职工群众的合法权益，维护林区和谐稳定。同时，各省在改革推进过程中，要加强各级指导文件的落实到位以及实时的监督，避免政策落实过程中出现方向的偏差。

（二）加大各级资金投入与落实

首先，继续保障和全面落实中央财政关于国有林场改革补助资金的安排，充分发挥中央财政的导向和示范作用。第二，积极引导各省省委省政府重视林业发展、重视国有林场改革，将国有林场改革作为全省生态建设的重要任务，积极引导省级财政向林业及国有林场改革倾斜，破解其财政困难。地市财政也要重点安排配套资金，统筹解决国有林场改革成本问题，进一步加大改革工作经费的投入，满足国有林场深化改革与配套措施实施的需求。第三，加强改革发展资金的落实与监督，加大稽查力度，避免由资金落实不到位而影响改革进度和积极性等情况的出现，确保财政资金的有效落实和效益的发挥。

（三）强化森林资源培育与管护

第一，加强森林资源的培育与管护，开展国有林场森林资源保护和培育工程，精准提升森林质量和生态效益。强化地方政府和党政领导干部森林资源保护、生态建设等职责，加强对森林资源保护绩效的考核，提高生态指标考核约束力。第二，针对护林员匮乏、人均管护林地面积过大等问题，要积极引入市场机制，通过合同、委托等方式面向社会购买服务，多渠道提升管护质量和水平，降低管护风险。第三，引入现代科技手段，引导建立森林防护远程监护系统，通过无人机、GPS 卫星遥感、远程红外、林业智能机械等设备，加强林业智能管护水平，实现国有林场森林资源管护现代化和智能化。

（四）创新国有林场职工收入增长机制

首先，保障工资福利。立足让国有林场职工共享改革发展成果，结合属地城镇居民可支配收入水平确定林场职工工资总额，并建立逐年提高的增长机制。第二，保障稳定增资。按照不低于城镇居民可支配收入增长率建立国有林场收入增长机制。拓展国有林场自我造血功能与发展路径，根据林场资源禀赋条件和生态条件，适当组织和规划发展名优林下经济、森林旅游等产业，通过资源增量、资产增值、收入增长提高林场职工待遇。

（五）扎实做好保障和改善民生工作

持续关注国有林场职工民生，将国有林场职工的满意度放在重要位置，针对降低社保缴纳金额，提高工资、定编定岗、加大林场基础设施建设、提前退休、加强职工技能培训等方面的需求，积极努力创新渠道予以破解。首先，进一步完善林场职工五险一金制度，确保职工无后顾之忧。第二，根据林场保护方式和生态需求，对职工数量结构进行优化，科学核定编制，科学设置国有林场岗位，充分考虑林场职工的就业需求。第三，探索林场职工“走出去”发展战略，扩大职工交流比例，通过送出去学习培训、轮岗锻炼、交流任职等多种方式，加强对现有人员的培养，促进知识更新，满足林场职工成长需求。

附 件

附件 1．2016 年监测林场名单

监测省份（10）	监测林场（94）
河北（7）	河北省木兰围场国有林场管理局五道沟林场、邯郸市漳河林场、承德市狮子沟林场、承德市隆化县茅荆坝林场、秦皇岛市青龙满族自治县都山林场、石家庄市井陉县辛庄林场、保定市涞水县桑园涧林场
吉林（8）	吉林省辉南森林经营局、长春市净月实验林场、大安市芦苇管理总场、大安市舍力机械林场、公主岭市桑树台林场、临江市六道沟林场、通化市通化县石湖林场、延边州汪清县西大坡林场
浙江（6）	宁波市林场、杭州市淳安县林业总场、温州市永嘉县四海山林场、衢州市开化县实验林场、丽水市白云山生态林场、丽水市庆元县实验林场
福建（7）	福建省洋口国有林场、福建省闽清白云山国有林场、福建省霞浦杨梅岭国有林场、三明市尤溪国有林场、龙岩市长汀楼子坝国有林场、漳州市诏安国有防护林场、南平市政和国有林场
江西（11）	景德镇市枫树山林场、贵溪市双圳林场、九江市武宁县营林林场、萍乡市莲花县玉壶山林场、吉安市永丰县官山林场、吉安市安福县明月山林场、吉安市泰和县天湖山林场、吉安市吉水县芦溪岭林场、吉安市吉安县九龙林场、宜春市袁州区国有林场、新余市分宜县昌山林场
山东（10）	山东省国有药乡林场、济南市历城区国有柳埠林场、青岛市崂山区国有崂山林场、泰安市国有徂徕山林场、烟台市国有昆嵛山林场、淄博市鲁山林场、莱芜市莱城区国有华山林场、聊城市莘县国有马西林场、潍坊市临朐县沂山林场、临沂市平邑县国有万寿宫林场
湖南（10）	长沙市浏阳市大围山林场、株洲市炎陵县青石冈林场、衡阳市南岳区南岳林场、邵阳市绥宁县寨市林场、张家界永定区猪石头林场、郴州市苏仙区五盖山林场、永州市宁远县九嶷山林场、怀化市溆浦县中都林场、娄底市双峰县黄龙林场、湘西州古丈县高望界林场
广东（11）	广东省连山林场、广东省龙眼洞林场、韶关市曲江林场、 惠州市象头山林场、清远市小龙林场、佛山市云勇林场、东莞市清溪林场、云浮市同乐林场、梅州市五华县鸿图嶂林场、韶关市乐昌市龙山林场、肇庆市怀集县金鸡林场
四川（9）	攀枝花市国营林场总场、峨眉山市林场、泸州市合江县福宝林场、宜宾市宜宾县隆兴森林经营所、眉山市洪雅县林场、广安市邻水县四海山林场、巴中市南江县大坝林场、西昌市四合林场、达州市达川区铁山林场
甘肃（15）	甘肃省白龙江林业管理局洮河林业局大峪林场、甘肃省白龙江林业管理局迭部林业局腊子口林场、甘肃省白龙江林业管理局舟曲林业局憨班林场、甘肃省小陇山林业实验局党川林场、甘肃省小陇山林业实验局滩歌林场、甘肃省小陇山林业实验局左家林场、甘肃省小陇山林业实验局龙门林场、庆阳市华池林业总场豹子川林场、庆阳市合水林业总场连家砭林场、庆阳市湘乐林业总场桂花塬林场、庆阳市正宁林业总场西坡林场、张掖市寺大隆林场、陇南市岷江林业总场黄家路林场、庆阳市环县四合塬林场、武威市天祝县华隆林场

附件 2. 省级国有林场主管部门监测指标体系

监测指标		监测内容		单位	2016年	填写说明
政策法规		出台省级国有林场改革发展文件		个		
		出台省级综合性法规、规章或政策性文件（包含国有林场内容）		个		
资金保障		中央投入国有林场改革发展资金（包括财政、发改两个渠道下达的资金）		万元		实际到位资金
		省级投入国有林场基础设施建设专项资金		万元		实际到位资金
		省级安排国有林场改革专项资金		万元		实际拨付资金
		省级国有林场改革工作经费		万元		实际到位资金
		市/县投入国有林场改革发展资金		万元		实际到位资金
管理能力	组织宣传	召开省级国有林场改革会议		次		包括工作会议
		领导（省部级以上）到国有林场调研		名		
		在省级以上主流媒体报道国有林场改革事迹		次		
		调研报告、典型经验等获得省部级以上领导批示		次		
		举办国有林场培训班		次		
		省级国有林场管理机构变化情况	机构级别	增强/不变/弱化		
			机构职能			
			工作人员			
		国有林场（正科级以上）比例		%		
	单位定性	国有林场数量		个		
		公益一类林场		%		
		公益二类林场		%		
		企业性质林场		%		
	人员定编	国有林场在职职工人数		人		
		国有林场在岗职工人数（占在职职工人数的）		人（%）		
		国有林场离退休职工人数（占总职工人数的）		人（%）		
		企业性质国有林场人员编制数		个		
		公益二类国有林场人员编制数		个		
		公益一类国有林场人员编制数		个		

（续）

监测指标	监测内容			单位	2016年	填写说明
管理能力	资源监管	国有林场经营面积	国有林地	万亩		
			集体林地	万亩		
			非林地	万亩		根据当年年底资源统计数据填报
		国有林场森林面积	有林地	万亩		
			公益林	万亩		
			国家级公益林	万亩		
			天然林	万亩		
		国有林场森林蓄积量		万立方米		

附件 3. 国有林场改革效果监测指标体系

监测指标	监测内容		单位	2016年	填写说明
管理体制	林场性质（公益一类、公益二类、企业性质）		—		公益一类=3；公益二类=2；企业性质=1
	管理层级		—		省属=3；地市属=2；县属=1
	林场级别		—		正处=6；副处=5；正科=4；副科=3；正股=2；副股=1
	财政拨款比例		%		
	财政拨款进度		%		
	事业编制数		个		
	在职职工人数		人		
	在岗职工人数		人		
	离退休职工人数		人		
经营机制	政府购买生态公益林管护服务情况		元		购买管护服务金额
			万亩		购买管护服务面积
	岗位设置情况	管理岗位数量	个		请按人社部门批准的数据填写
		专业技术岗位数量	个		
		工勤技能岗位数量	个		
	人才队伍建设情况	培训人次	人		
	新进人员情况	政策性安置	人		
		公开招聘	人		
		其他	人		请注明具体进人方式
民生改善	在职职工年平均工资		元		
	退休职工年平均工资		元		
	在职职工参加基本养老保险情况		人		
	退休职工参加基本养老保险情况		人		
	在职职工参加基本医疗保险情况		人		
	退休职工参加基本医疗保险情况		人		

（续）

监测指标	监测内容		单位	2016年	填写说明
民生改善	分流安置职工情况	通过政府购买服务从事森林管护抚育	人		此类别安置人员
		由林场提供特色产业等工作岗位	人		此类别安置人员
		有针对性的职业技能培训引导部分职工转岗就业	人		此类别安置人员
		其他	人		请注明具体安置方式
历史遗留问题	债务	金融性债务	万元		
		非金融性债务	万元		金融性债务+非金融性债务=森林经营债务+森林管护债务+发展产业债务+解决职工工资和社会保障债务+其他债务
		森林经营债务	万元		
		森林管护债务	万元		
		发展产业债务	万元		
		解决职工工资和社会保障债务	万元		
		其他债务	万元		请注明具体债务内容
	办社会职能	场办医院	所		
		场办学校	所		
		场带乡村数量	个		
		场带乡村人数	人		
森林资源	经营面积	国有林地	万亩		
		集体林地	万亩		
		非林地	万亩		
	森林面积	有林地	万亩		以森林资源二类调查数据为准，公益林面积请填写林场公益林总面积
		公益林	万亩		
		国家级公益林	万亩		
		天然林	万亩		
	森林蓄积		万立方米		
	造林面积		万亩		
	森林抚育面积		万亩		
	发生森林火灾面积		万亩		
	有无乱砍滥伐现象		—		有/无
	是否建立森林资源的档案		—		是/否

（续）

监测指标	监测内容			单位	2016年	填写说明
森林资源	是否建立森林资源管护责任制			—		是/否
	有无发生流转林地（包括对外作价入股、合资合作、租赁、抵押、担保和转让）			—		有/无
				万亩		如有，流转面积是多少
	有无发生林地被调拨（指被划归其他部门管理）现象			—		有/无
				万亩		如有，调拨面积是多少
	有无发生林地被征占用现象			—		有/无
				万亩		如有，征占用面积是多少
	有无林权纠纷			—		有/无
	有无发生林地被村集体、农民等侵占现象			—		有/无
				万亩		如有，侵占面积是多少
	木材采伐量		主伐	立方米		
			抚育采伐	立方米		
产业发展	产值结构	第一产业产值	林木育种与育苗	万元		
			造林和更新	万元		
			森林经营和管护	万元		
			木竹材采运	万元		
			经济林产品的种植与采集	万元		
			其他	万元		请注明具体来源
		第二产业产值		万元		
		第三产业产值		万元		
		其中：森林旅游		万元		
支撑政策	财政投入			万元		指各级财政投入
	其中：基本建设投入			万元		
	社会投入			万元		

注：“—”是没有单位的意思，并非不需填写，请按照填写说明填写相应指标。

附件4. 国有林场森林生态功能等级监测指标体系

评价因子	××林	××林	××林	××林	××林
森林蓄积量					
森林自然度					
群落结构					
树种结构					
林分平均高					
郁闭度					
植被总覆盖度					
枯枝落叶厚度等级					

说明：请各林场根据本场情况，选取3个以上代表性林分（××林表示具体林分名称）填报。具体填报详见《国有林场森林生态功能等级监测指标填报参考说明》。

国有林场森林生态功能等级监测指标填报参考说明

评价因子	等级划分标准			等级
	等级I	等级II	等级III	
森林蓄积量	≥150（立方米/公顷）	50～140（立方米/公顷）	<50（立方米/公顷）	
森林自然度	I, II	III, IV	V	
群落结构	完整结构	较完整结构	简单结构	
树种结构	类型6、7	类型3、4、5	类型1、2	
林分平均高	≥15.0米	5.0～14.9米	<5.0米	
郁闭度	≥0.7	0.40～0.69	0.20～0.39	
植被总覆盖度	≥70%	50%～69%	<50%	
枯枝落叶厚度等级	厚	中	薄	

自然度：I. 原始或受人为影响很小而处于基本原始状态的森林类型；
II. 有明显人为干扰的天然林或处于演替后期的次生林；
III. 人为干扰很大的次生林，除先锋树种外，也可见顶级群落树种出现；
IV. 人为干扰很大，演替逆行，处于极为残次的次生林阶段；

V. 人为干扰强度极大且持续，地带性森林类型几乎破坏殆尽，处于难以恢复的逆行演替后期，包括各种人工林类型。

群落结构：完整结构 . 具有乔木层、下木层、地被物层 3 个层次的林分；

较完整结构 . 具有乔木层和其他 1 个植被层的林分；

简单结构 . 只有乔木 1 个植被层的林分。

树种结构：类型 1. 针叶纯林（单个针叶树种蓄积量≥ 90%）；

类型 2. 阔叶纯林（单个阔叶树种蓄积量≥ 90%）；

类型 3. 针叶相对纯林（单个针叶树种蓄积量占 65% ～ 90%）；

类型 4. 阔叶相对纯林（单个阔叶树种蓄积量占 65% ～ 90%）；

类型 5. 针叶混交林（针叶树种总蓄积量≥ 65%）；

类型 6. 针阔混交林 (针叶树种或阔叶树种总蓄积量占 35% ～ 65%) ；

类型 7. 阔叶混交林（阔叶树种总蓄积量≥ 65%）。

植被总覆盖度：指某一地域植物垂直投影面积与该地域面积之比，用百分数表示。

枯枝落叶厚度：枯枝落叶厚度分厚、中、薄 3 个等级。厚≥ 10 厘米；中 5 ～ 9 厘米；薄＜ 5 厘米。

附件 5. 国有林场职工监测指标体系

监测指标	监测内容		单位	2016年	填写说明
基本情况	隶属林场		—		
	姓名				
	性别				
	年龄		岁		
	受教育程度		年		
	家庭总人口		人		
	其中：外出务工人员		人		
	管护林地面积		亩		职工本人管护的林地面积
就业	就业状态（在岗/待岗/离退休）		—		
	岗位类型		—		4＝管理岗；3＝专技岗；2=工勤岗；1=其他
收入	个人实际到手工资收入（不含社保）		元/年		
	家庭总收入				
	家庭纯收入（扣除生活支出）				
	个人工资外收入	农林业经营性收入			种植、养殖、渔业收入等
		其中：林业经营性收入			
		服务类经营性收入			森林旅游、农家乐等收入
		外出务工收入			
		财产性收入			利息、股息、土地征用金等
		转移性收入（其他）			抚恤金、财政补贴资金等
社会保障	参保情况	是否参加养老参保	—		1=是；2=否
		参保类型			1=企业型保险；2=事业型保险；
		是否参加医疗保险			1=是；2=否
		参保类型			1=城镇职工；2=城镇居民；3=新农合
	个人缴纳养老保险		元/年		
	个人缴纳医疗保险				
改革政策的满意度和政策需求	改革政策满意度		—		5=很满意；4=较满意3=一般；2=不太满意；1=不满意
	政策需求		—		